认识海洋丛书

RENSHI
HAIYANG
CONGSHU

刘芳 主编

古往今来
的经典海战

时代出版传媒股份有限公司
安徽文艺出版社

图书在版编目（CIP）数据

古往今来的经典海战 / 刘芳主编. — 合肥：安徽
文艺出版社，2012.2（2024.1 重印）
（时代馆书系·认识海洋丛书）
ISBN 978-7-5396-3979-6

Ⅰ. ①古… Ⅱ. ①刘… Ⅲ. ①海战—战争史—世界—
青年读物②海战—战争史—世界—少年读物 Ⅳ. ①E19-49

中国版本图书馆 CIP 数据核字（2011）第 247444 号

古往今来的经典海战

GUWANGJINLAI DE JINGDIAN HAIZHAN

....

出 版 人：朱寒冬
责任编辑：汪爱武　　　　　　　装帧设计：三棵树　文艺

出版发行：安徽文艺出版社　　www.awpub.com
地　　址：合肥市翡翠路 1118 号　　邮政编码：230071
营 销 部：(0551)3533889
印　　制：唐山富达印务有限公司　电话：(022)69381830

....

开本：700×1000　1/16　印张：10　字数：154 千字
版次：2012 年 2 月第 1 版
印次：2024 年 1 月第 4 次印刷
定价：48.00 元

....

前　言

可以说，20世纪是一个在纷飞的战火中成长的时代。战争，曾给人们带来了深重的灾难，无数生灵遭到涂炭，无数家庭家破人亡，无数城市一片狼藉。但是，战争，也推动了人类社会向前发展，旧的制度废除，新的国家诞生，新的科技被激发。战争就是这样一个两面体，伴随着整个人类历史文明的发展而存在。本书主要介绍的是20世纪以来发生在海洋上的一些对人类历史发展有重大影响的战役。笔者希冀青少年读者能够通过对这些海战资料的阅读，懂得一些相关的军事、文史知识，以扩大视野；了解20世纪以来世界历史发展的一些重要过程，以把握人类文明发展的脉搏。另外，今天的我们虽然已经越来越远离战争，但是为了达到一定政治、经济目的而进行的战争，也不得不让我们警惕。尤其是全球化的今天，国际恐怖主义时刻威胁着人类。反思战争，祈求和平，是全人类共同的责任，需要我们每一个人去努力。

目　录　CONTENTS

对马海战

对马海战（1905 年 5 月 27 日～28 日），又称日本海海战，是 1905 年日俄战争中，日本和俄国为了争夺远东海域的制海权，在朝鲜半岛和日本本州岛之间的对马海峡附近海域所进行的一场海上决战。

战争背景

日俄战争爆发以后，俄国无论在陆战场还是海战场都节节失利，其太平洋舰队被东乡平八郎海军大将指挥的日本联合舰队重创并封锁在旅顺港内。为了解救旅顺口的危机，扭转俄国在远东的不利局势，重新夺回制海权，沙皇尼古拉二世在 1904 年 4 月命令俄海军部立即从波罗的海舰队和黑海舰队中抽调舰船，包括 7 艘战列舰、6 艘巡洋舰、9 艘驱逐舰以及一些辅助舰船，组编成太平洋第二分舰队，由罗日杰斯特文斯基中将统帅，于 1904 年 9 月 26 日赶赴远东战场。

此后，沙皇政府又派出由海军少将涅鲍加托夫率领的第三太平洋舰队增援远东，共有战舰和辅助船 18 艘，于 1905 年 2 月 18 日驶离波罗的海港口向远东进发。两支力量 1905 年 5 月 9 日在越南万丰湾汇合，5 月 14 日联合北上。

俄国海军在当时世界海军排行榜上列第 3 位，俄国派往远东进行支援的是一支无比强大的舰队。但是俄国舰队在短时间内的集结，不得不面对新服役的战舰官兵对于新式军舰上的设备尚未熟悉掌握、新旧战舰难以协调行动等问题，而且俄国舰队是从波罗的海出发前往远东，途中需要经过北海、大西洋、印度洋和南中国海，航行 220 多天，行程 18000 海里（几乎相当于绕地球一圈）。如此漫长的航行对舰船、人员的损害极大，整个舰队士气低迷，作战能力严重下降。列宁曾这样来形容这支舰队："像整个俄罗斯帝国那样庞大，那样笨重、荒唐、无力、怪诞"。而另一个不可忽略的问题在于整个航行过程中没有一个适当的加煤港口，只好把军舰上一切能装的地方都装上了煤，结果导致原来就拥挤的军舰更加拥挤不堪，速度减慢，水兵生活条件急剧恶化，很多官兵都染上了流行的热带病而死去。另外，日军的节节胜利使俄国官兵过分夸大了日军能力，认为日本海军的势力已经扩展到了北海和大西洋，关于日本水雷、鱼雷快艇和潜水艇的谣言到处都是，加重了俄军的恐惧心理，一路上草木皆兵，对德国、法国、瑞典、挪威、英国的民船都胡乱开火。而与此相对，经历了甲午战争和旅顺战役后，日本联合舰队的士气异常旺盛，其官兵大都有战斗经验、训练有素。而且趁俄国舰队东调之机，日本对舰艇进行了维修和保养，并对士兵进行了频繁的实弹射击训练，几乎打掉了国内半数的炮弹储备，为迎战即将到来的俄国第二太平洋舰队做了充分的准备。在军舰的总吨位、航速、火炮射速、先进程度等

方面日本也占明显优势。

在战略决策方面，日本联合舰队司令东乡平八郎大将根据俄国舰队补给供应情况，断定俄国舰队将通过对马海峡直接前往海参崴。于是 1905 年 5 月 20 日，东乡下令让日本联合舰队的主力在对马海峡附近海域隐蔽起来，以逸待劳，等候俄国舰队的到来；同时在俄国舰队可能经过的各条航道上布设水雷，并让日本的巡洋舰、炮舰在各个关口巡逻。而罗日杰斯特文斯基考虑到能源供应及士兵疲惫等问题，便意欲尽快到达海参崴进行休整，再寻机和日本舰队主力较量，于是选择了对马海峡航线这条捷径，也正中日军下怀。5 月 25 日，俄国舰队从台湾附近出发，26 日到达上海附近，27 日清晨进入对马海峡，钻进了日本舰队的包围圈，对马海战爆发。

战争经过

5 月 27 日清晨 4 时 45 分，日本联合舰队侦察船在九州西部海域"信浓丸"发现了俄国舰队，5 时 5 分，东乡下令全舰队出击，1 小时后日本舰队开始尾随俄国舰队前进，在中午 11 时 15 分双方进行了试探性的交火。11 时 30 分，俄国舰队司令罗日杰斯特文斯基下令暂停射击，改变阵形，

以利战斗，命令第一、二分队加速到11节，行驶到另一个纵队前面。由于他没有同时下令另一纵队减速，整个俄国舰队的阵形陷入混乱。13时40分左右，日本舰队主力在右前方出现，成单排一列式，企图截断俄国舰队的航线。临战前，东乡对全舰队发出信号："皇国兴废，在此一战，诸位尤需奋发努力。"罗日杰斯特文斯基再次下令成战斗队形，但已经来不及了，日舰截断了俄国舰队的航线。

14时8分，为夺取有利攻击阵位，东乡毅然下令敌前180°大转向，即著名的"U"型转弯。趁此有利时机，俄国舰队全然不管各种火炮的有效射程，一律从万米距离首先开炮。不出几分钟后，便有3艘日舰受重伤，1艘丧失战斗能力。日本舰队虽然付出了高昂的代价，但最终完成了"U"型转向后，实现了与俄国舰队的平行前进，并利用其上风位的航速优势迫使俄国舰队偏离原航向。当日本舰队逼近到距俄舰6,500米时，东乡一声令下，日舰所有大炮同时向俄舰开火，俄国舰队旗舰"苏沃罗夫公爵"号遭到日方炮火的集中猛烈射击，14时20分，船舵被打坏，军舰失去控制，舰队司令罗日杰斯特文斯基也身受重伤，全部上层建筑都被打烂的"苏沃罗夫公爵"被迫退出战列

在海面上漂浮，俄国舰队陷入没有指挥的混乱局面。同时，俄国第二分队的旗舰"奥斯利亚比亚"号受重创，后来其舰舯吃水线上被打开了一个大口子，海水涌入，船头下沉，约在15时30分左右沉没。此后，失去统一指挥的战列舰"亚历山大三世"号和"波罗丁诺"号也被日舰炮火击中燃起大火。而在战列舰进行交战的同时，双方的巡洋舰也在激烈交锋。巡洋舰交火约从14时45分开始，主要在俄国第一巡洋舰分队和日本第三、四分队间展开，战斗中日本3艘巡洋舰受重伤，俄国数艘辅助船起火焚毁。至16时左右，俄国舰队败局已定，战列舰中的两艘一艘沉没，一艘失去作用，其余大部受损，前往海参崴的航道也已被封锁，而日舰则基本保持了开战时的完好状况。16时45分，日本第五、六分队投入战斗，向俄国巡洋舰发起进攻。不久，"斯维特拉娜"号被击沉，另一艘旧式巡洋舰"顿斯科伊"在英勇地抗击了6艘日本巡洋舰的围攻，并击伤了其中的两艘（"浪速"号和"音羽"号）后，为避免被俘而由船员于29日自行凿沉。"奥列格"号、"阿芙乐尔"号、"珍珠"号等2艘驱逐舰和3艘军需船，向北突围未遂，便南下逃往菲律宾。到晚19时，千疮百孔的"亚历

山大三世"号战列舰沉没，舰员全部遇难，10分钟后，"波罗丁诺"号弹药库被日本"富士"号击中，弹药库被摧毁，并引发了锅炉爆炸，当即下沉，仅一人幸免于难。在海上漂浮的旗舰"苏沃罗夫公爵"号于19时20分，受到日本驱逐舰发射鱼雷的攻击而最终沉没。至此，白天的战斗结束。

"奥斯利亚比亚"号

27日晚19时30分至次日凌晨5时，日方又出动37艘鱼雷艇和21艘驱逐舰，对残余的俄国舰队实施鱼雷攻击。"西索伊—维利基"号、"海军上将纳西莫夫"号、"纳瓦林"号先后被鱼雷击沉，旧式装甲巡洋舰"莫诺马赫"号在船头被鱼雷炸掉的情况下，仍顽强地击沉了向它发射鱼雷的日本鱼雷艇，后因伤势严重，于凌晨5时由船员自行凿沉。与此同时，东乡又悄悄带领日主力舰队连夜赶往朝鲜东海岸的郁陵岛附近埋伏下来，等待着继续赶往海参崴的俄国舰队。5

月28日晨，当涅波加多夫海军少将指挥的俄国舰队残部开到郁陵岛以南60海里处时，又被等在这里的由28艘战舰组成的日本舰队包围。上午9时，日军"三笠"号发出信号，战列舰一齐开火，俄舰奋力还击。10时45分，在"尼古拉一世"号驱逐舰舰长斯米尔诺夫的建议下，涅波加多夫含泪下令升起国际法规定的XGE旗号："我们投降!"10时53分，"尼古拉一世"、"海军上将阿普拉克辛"、"海军上将谢尼亚文"、"鹰"4艘战列舰投降，下午13时左右，涅波加多夫在东乡的旗舰"三笠"号上签署了投降书。当天下午15时，载有舰队司令罗日杰斯特文斯基的"鲁莽"号驱逐舰被日军"细浪"号驱逐舰追上，向日方投降，但其余的舰艇或进行了抵抗后被击沉，或成功逃走。"海军上将乌沙科夫"号上的俄国官兵看到日本的劝降信号后，毅然用炮火做了回答，最后为了不让这艘用俄国著名海军将领命名的战舰落入敌手，舰长下令自行凿沉；巡洋舰"绿宝石"号在逃往海参崴的途中触礁，被舰员炸沉，余下几艘分别逃往上海、马尼拉、马达加斯加等中立国港口，最终逃回海参崴的只有巡洋舰"金刚石"号和另2艘驱逐舰。至此，对马海战结束。

对马海战中的"三笠"号是20世纪初战列舰的代表

战争结果及评价

对马海战是 20 世纪发生的第一场大海战，也是海战史上损失最为悬殊的一场海战。日本获得空前胜利，俄国波罗的海舰队、太平洋舰队几乎被全歼，一夜之间从海军强国的位置上跌落下来。包括辅助船在内，俄国舰船损失达 20 余万吨，38 艘战舰中只有 3 艘驶到了海参崴，其余被击沉 21 艘，被俘 9 艘，俄国海军官兵阵亡 4830 人，被俘 5917 人，另有 1862 人在中立国被扣留。而取得这一战果的日本仅付出了 3 艘鱼雷艇沉没、117 名官兵阵亡的微弱代价。

从军事上看来，对马海战是人类进入蒸汽钢铁时代以来最大的一次海战，对后世海军学术的发展产生了深远、长久的影响。海战中巨型舰炮强大威力的展示，直接催生了"无畏"号战列舰和战列巡洋舰，将大舰巨炮主义推向巅峰；日本海军战术——"T"字战术的应用，奠定了近代海战的基本作战形式（"T"字阵）。

从国际形势来看，对马海战直接左右了俄国、日本两个国家的命运。对俄国来说，对马海战的失败使其丧失了海军世界第三的地位，同时暴露了其沙俄专制制度的腐朽和反动，引发了 1905 年俄国革命；对日本来讲，通过此战为 3 个月后的《朴次茅斯和约》的订立铺平了道路，从此日本进入了世界海军强国的行列，成为远东

地区首屈一指的国家。同时战争刺激了日本经济的发展，加速了以重工业为中心的第二次产业革命的到来，推动了日本垄断资本和财阀的迅速形成和发展，也最终促生了日本的军国主义。

由"无畏"号舰和战列巡洋舰组成的舰队

奥斯坦德海面的雷暴——德国的潜艇战

1914 年 9 月 22 日，第一次世界大战期间，德国的"U-9"号潜艇上的鱼雷一连击沉了 3 艘英国装甲巡洋舰，创造了海战史上 1 艘潜艇在 1 小时内击沉 3 艘万吨巡洋舰的纪录。

战争背景

1914 年 9 月，第一次世界大战的战幕拉开不久，英、德双方的陆军在比利时境内交战。由于与比利时隔海相望，英国一直利用比利时的奥斯坦德港从本土向作战地区增援部队和补给物资。为了打击和切断英国的海上运输，德国海军决定派遣潜艇去执行这一破坏任务。

为了使潜艇不仅能打击向奥斯坦德输送援军和各种物资的船只，而且也能打击进出泰晤士河口和英吉利海峡的英国舰船，德国海军部决定，在奥斯坦德和英国马加特之间设置潜艇伏击阵地。为此，德国海军除派遣已在海上的"U-24"号和"U-8"号两艘潜艇外，又增派了"U-9"号潜艇。9 月 19 日，"U-9"号潜艇驶离德国威廉港，进入北海领域。9 月 20 日，各舰艇到达指定阵位。

德国 U-9 潜艇

战争经过

9月22日，3艘英国巡洋舰"阿布基尔"号、"霍格"号、"克雷西"号驶出英吉利海峡，进入比利时的奥斯坦德海域。按照原定计划，这3艘巡洋舰拉开距离，分散行动，以便在更广阔的海域进行巡逻。与此同时，德国的"U-9"号潜艇也正在奥斯坦德海域的水下缓缓潜行。这时，艇长威丁根通过潜望镜发现了英国军舰的身影，并立即下令"U-9""下潜至潜望镜深度"，并悄悄向英舰靠近。他一直通过潜望镜，目不转睛地注视着目标。直到目标进入潜艇上鱼雷的射程范围之内时，威丁根上尉下达了进行鱼雷攻击的命令。鱼雷从舰艇发射管中冲出去，直接扑向了"阿布基尔"号。6时30分，"轰"的一声巨响，鱼雷命中了。而此时"阿布基尔"号舰长德拉蒙德上校才刚起床，舰上的军官们正在逐个检查舰员的住舱，而水兵们正在甲板上进行早操。突然的爆炸声及随后舰体的激烈震动，使得舰上的官兵们惊慌失措。"阿布基尔"号的舰长德拉蒙德海军上校匆匆走上舰桥，并迅速进行了调查。这时值更官向他报告说，舰体中部

触雷，机舱破损，主机不能运转。于是，德拉蒙德上校立即指挥舰上官兵开始抢救舰船，同时在考虑到底是谁布下的水雷。然而，他并没有想到是德国潜艇，还想当然的认为是英国舰船自己布下的水雷，因为没有锚定位，随洋流漂流至此。这种想法只能为英舰带来更残酷的现实。这时被鱼雷击中的"阿布基尔"号舰体炸开一道大口子，海水大量涌进轮机舱，舰体缓缓下沉。舰长德拉蒙德只能发出弃舰命令，并同时向附近的另两艘英国巡洋舰发出求援信号。在"霍格"号上，人们只听到轰隆的爆炸声，看到"阿布基尔"号被击中时跃出水面，但无人看到鱼雷的航迹。舰长尼科尔森海军上校立即下令以最大航速前去救援。

德国"U-9"号潜艇在雷击"阿布基尔"号巡洋舰后，威丁根上尉指挥"U-9"号潜艇在沉入海底一段时间后，又升至潜望镜深度。当看到"阿布基尔"号的尾部沉入水下时，他异常兴奋。然而更让他高兴的是，这时前来救援的英舰"霍格"号正进入鱼雷射程。威丁根随即下令舰员做好鱼雷射击的准备。可是，"U-9"号潜艇的艇首倏然向下倾斜，轮机长命令全体艇员都到艇尾。话音刚落，艇上除了守候在鱼雷发射

"阿布基尔"号巡洋舰

管旁和指挥舱的艇员外，其余艇员都匆忙来到艇尾。在这紧急时刻，通过移动人员保持潜艇平衡，是艇长所能采取的最迅速的对策。数分钟之后，威丁根再次通过潜望镜清晰地看到"霍格"号正向下沉中的"阿布基尔"号驶去。于是威丁根立刻下令，"敌舰正在接近，第一、第二鱼雷管准备齐射！"随着发射的命令声，6时55分，2条鱼雷冲出发射管，急速奔向"霍格"号。鱼雷只需航行300码（1码＝0.9144米）。不到半钟的时间，只听轰轰两声剧烈爆炸，"U—9"号潜艇被震得左摇右晃。鱼雷击中了目标，"霍格"号徐徐向下沉去。随后，威丁根操纵潜艇下潜，过了一会儿，它又升起了潜望镜。这时他发现潜艇即将撞上下沉的"霍格"号，便下令即刻向后倒，这才避过一劫。然后，他指挥潜艇向深处潜去，准备驶离现场。

"克雷西"号被击中

英"克雷西"号巡洋舰在收到"阿布基尔"号发出的求救信号后，也赶来营救。而当其舰长约翰逊上校再次看到"霍格"号爆炸时，就意识到使"霍格"号沉没的不是水雷，而是德国潜艇发射的鱼雷。他随即向全舰发出警报，搜索德国潜艇，准备反潜战斗。而此时"U－9"号潜艇正潜伏在附近海底，威丁根上尉本来想撤离战区，但当他从潜望镜里发现"克雷西"号巡洋舰正向"U－9"号潜艇方向驶来，于是便把艇尾对准"克雷西"号，准备用艇尾发射管实行鱼雷攻击。没想到，"克雷西"号发现了德国潜艇深处海面的潜望镜，便向潜艇开火，一发发炮弹落在"U－9"号潜艇周围，但都没击中。一阵炮击之后，德"U－9"号潜艇已驶离巡洋舰，海面只留下一条小小的白色痕迹。"克雷西"号只能备好火炮，时刻搜索着水面，等待潜望镜的再次出现。趁此空隙，约翰逊上校发现了漂浮在水面上的救生筏、小艇以及"阿布基尔"号和"霍格"号的残骸，他的本能驱使他必须首先前往救援。然而就在这时，远处的威丁根抓住这个有利时机，下达"艇尾鱼雷管准备射击"的命令。可是，当"U－9"号潜艇转向时，"克雷西"号上的一门9英寸（1英寸＝2.54厘米）火炮正向其发起攻击，于是威丁根急忙下令，"左满舵，全速前进！"他又绕了个大圈子，拉大了与巡洋舰的距离。之后，威丁根再次下令发射鱼雷。为了规避射来的鱼雷，"克雷西"号的舰尾随着螺旋桨的转动而急

速地摆动。然而，这完全无济于事。蓦然，从"克雷西"号的烟囱中喷出一个巨大的黑色烟柱，一条鱼雷直接命中了"克雷西"号的中部。但是"克雷西"号巡洋舰依旧坚强地对着"U－9"号潜艇连连发炮。威丁根下令把"U－9"号潜艇上的最后一条鱼雷装进了发射管，并操艇倒车，潜艇进入新的发射阵位。随着"预备——放"的口令声，一条鱼雷闪电般地滑出艇尾发射管，直奔"克雷西"号。"克雷西"号舰艇被彻底炸断，翻沉入大海。此时为7时30分。至此，英国3艘巡洋舰全部从海面上消失，威丁根也心满意足地指挥着"U－9"号潜艇返回基地。

战争结果及评价

在这次潜艇战中，英国共损失3艘巡洋舰，共计官兵死亡1459人，741人得救。"U－9"号潜艇在一个小时之内连击英国3艘巡洋舰，世界军界为之震惊。德国人以隆重的仪式欢迎这些凯旋的"英雄"们。德皇亲自授予威丁根一枚一级铁十字勋章，授予"U－9"号潜艇的全体艇员每人一枚二级铁十字勋章。

德国"U－9"号潜艇之所以能取得如此战绩，除了艇长指挥得力

等因素外，主要原因有以下三点：①在总体上，当时英国对潜艇的威力认识不足，防范不力。3艘巡洋舰在航渡巡逻期间，十分麻痹大意，既没有驱逐舰伴随警戒，也没有采取起码的防潜措施。这是一条严重的教训。②在第一艘巡洋舰被击沉之后，其余2艘舰停车是不妥当的，这就给德国潜艇以可乘之机，能够接连三次占领有利攻击阵位，顺利实施鱼雷攻击。在以后的作战中，英军深深地记住了这次教训，英海军部还做出规定："如果在队列中有一艘或数艘军舰受到潜艇的攻击或触雷爆炸，这些军舰应自行处理，其他军舰则应驶出危险区，召唤小型舰艇前来帮助遇难军舰"。③德国人准确地选择了英舰的必经之路，恰当地采用了使用潜艇的方法——阵地伏击法。

另外，尽管潜艇早在第一次世界大战之前就应用于作战，但它的作用一直没有得到充分发挥。在一个较长的历史时期，各资本主义海军强国认为潜艇只不过是一种防御性武器，只有巨舰大炮才能决定海战的胜负，对潜艇在战争中的巨大威力缺乏认识。而德舰"U-9"号潜艇的显赫战绩惊醒了各国，在一定程度上促进了传统海战思想的转变，引起了人们对新的海战武器——潜艇的关注。

科罗内尔海战

科罗内尔海战（1914年11月1日），是第一次世界大战期间英德两国海军在南美智利科罗内尔海角爆发的一场海战，以德国斯佩分舰队击沉两艘英国巡洋舰而告终。

战争背景

1914年6月28日，奥匈帝国皇储在萨拉热窝被暗杀，第一次世界大战蓄势待发，欧洲主要强国都为此做好了准备。面对英国强大的海军优势，德国海军的战略是，尽量保存舰队实力，避免重大损失，以便保持一支"存在舰队"，战时可以威胁牵制敌人，战争结束可以作为谈判的筹码。同时，采用引诱敌人部分兵力出海，以自己优势兵力将其歼灭或给予严重打击的战术，不断制造和寻找机会削弱英国舰队的力量。科罗内尔海战就是其战术成功实施的典型。

格拉夫·冯·斯佩

一战前，德国为了保护自己在太平洋和非洲沿岸的殖民地、袭击英国大洋上的交通线，组成了太平洋分舰队，由海军中将格拉夫·冯·斯佩指挥，驻守在大洋洲和加罗林群岛的波纳佩岛以及我国青岛等地，并伺机探查英国皇家海军的防务。1914 年 8 月 9 日，斯佩决定去南美西海岸巡航，同时派出"埃姆登"号轻巡洋舰横渡太平洋，进入印度洋与英国舰队打游击。途中，他得到一支英国巡洋舰队已在南美西海岸活动的消息，决定加快速度南下。10 月底，斯佩到达智利沿海，命令装甲巡洋舰"莱比锡"号发出无线电，以使英国军队误认为这一带水域只有一艘德国军舰，引诱他们上钩。而当时的英国皇家海军为了保护本土并监视德国的公海舰队，决定将大部分兵力集中部署在北海—多佛尔—直布罗陀一线，将澳大利亚和新西兰海军的主力全部投入到护航中，在整个南太平洋只留下了几支巡洋舰分队来对付德国的海上袭击舰，主要有海军少将克里斯托弗·克拉多克爵士率领的前印度舰队和斯托达特海军少将驻乌拉圭蒙得维地亚的分舰队。1914 年 9 月初，对于斯佩在南太平洋地区的不断侵扰，英国海军部决定派克拉多克指挥一支巡洋舰到巴西海岸搜索袭击英国商船的两艘德国巡洋舰。10 月 21 日，克拉多克离开福兰克群岛的斯坦利港，进入太平洋北上。10 月 29 日，英舰中速度

较快的"格拉斯哥"号首先到达智利港口科罗内尔以南进行搜索。两天后，"格拉斯哥"号截获了一艘德国军舰与补给船之间的电报，克拉多克认为这艘军舰正是从大西洋逃出来的德舰"德雷斯顿"号（其实是"莱比锡"号），并断定它正在单独活动，他立即命令"格拉斯哥"号与舰队会合后一起向北开进。与此同时，斯佩也执行了相同的计划，他得到报告说英国轻巡洋舰"格拉斯哥"号单独在科罗内尔附近活动，于是率领舰队于 11 月 1 日向南行驶，准备抓住这个虏获物。两支舰队即将迎头相遇，科罗内尔海战即将爆发。

克拉多克

在这次海战中，英国共投入 2 艘装甲巡洋舰"古德霍普"号和"蒙默斯"号，1 艘轻巡舰"格拉斯哥"号，1 艘辅助巡洋舰"奥特朗托"号，1 艘前"无畏"级战列舰"康珀斯"号；而德国分舰队包括 2 艘装甲巡洋舰"沙恩霍斯特"号和"格奈森瑙"号、3 艘轻巡洋舰"莱比锡"号、"德雷斯顿"号和"纽伦堡"号，从参战的舰队数量上德国已经占有优势，而且在战舰的性能上英国也远逊于德国。德国的"沙恩霍斯特"号和"格奈森瑙"号都是 1907 年下水的新式装甲巡洋舰，各装 8 门 8.2 英寸和 6 门 5.9 英寸的火炮，与陈旧的英国军舰不同，这些火炮是以现代方式安装在上层甲板上，完全不受海面风浪的影响，其中 6 门 5.9 英寸主炮可同时向舷侧射击，更何况德国水兵又以炮术精湛著称。而英国的旗舰"古德霍普"号建于 1902 年，原是第 3 舰队的旧军舰，它的 4 门 9.2 英寸主炮装在舰体两端，中部配置了 16 门 6 英寸火炮，火炮口径虽大但射程、射速和命中精度均远逊于德舰；"蒙默斯"号建于 1903 年，是速度快、装甲轻的巡洋舰，装有 14 门 6 英寸火炮，其中仅 9 门能够向舷侧射击。更糟的是，两舰上的舰员大多是技术生疏、缺乏经验的义务兵和士官生。

"奥特朗托"号则是由一艘 12000 吨的客轮改装成的，只有 8 门 5 英寸以下口径的火炮，只宜于保护海上运输，防止小型舰艇攻击，不适用与战舰作战。只有"格拉斯哥"号是 1911 年设计的新式轻巡洋舰，在航速、炮火方面强于德国的轻巡洋舰，但无装甲保护，依旧无法与德国的主力舰抗衡。由此分析看来，在此次海战中英国能够胜出的可能性不大。

战争经过

1914 年 11 月 1 日下午 4 时 40 分左右，双方迎头相遇，并立刻弄清了对方都不只是一艘轻巡洋舰，而是一支舰队。在双方实力对比如此明显的情况下，如果选择继续作战，那英国将处于极其不利的形势之下。此时的克拉多克也并非无路可退，他本可以向南撤退，等待与"老人星"号会合后再与斯佩决一高下（"老人星"号有 4 门 12 英寸巨炮，当时正以 12 节的速度从 300 千米以外蹒跚赶来），或者与斯佩进行远距离炮战，拖延到斯托达特的舰队和日本战列舰"肥前"号（原俄国战列舰"列特维赞"号，日俄战争被俘后改现名）赶来增援，这样这场战争的结果就可能改变。但是，克拉多克担心一旦丢失目标便再难找到斯佩，更害怕"临阵脱逃"有损皇家海军的声誉，于是决心拼死一战。

下午5时10分，克拉多克命令收拢扇形编队，向正在高速撤退的"格拉斯哥"号集中。5时47分英舰形成单列纵队，由"古德霍普"号领军，"奥特朗托"号垫后，"蒙默斯"号和"格拉斯哥"号居中，驶向东南方向，斯佩集中力量全力追击。6时4分，德舰队将航向调整到与英舰并行，双方开始炮击。这时，斯佩发现强烈的阳光将德国炮手刺得眼花缭乱，不便射击，便下令暂停射击，拉开距离。此时，情况虽然对英舰有利，但是双方这时相距15000米，都在炮火射程之外，英舰并未利用好此次机会。6时55分，情况逆转，太阳落入海面，余晖将英舰的身影清晰地映在海平面上，而德舰却隐没在智利海岸渐浓的夜幕中难以辨认，对德国舰队极其有利。斯佩马上前进，在双方相距11300米时，斯佩命令用8.2英寸主炮向英舰开火，"沙恩霍斯特"号和"格奈森瑙"号分别对付"古德霍普"号和"蒙默斯"号，5分钟后克拉多克开炮还击。但是，英国只有"古德霍普"号的2门9.2英寸的火炮可以还击，又由于

东南风带来的海浪直扑炮口，遮住了视线，英舰根本无法判断德舰的方位和距离，射击效率降到最低点。而以现代方式安装的德舰主炮则不受影响，英军从一开战就陷入了毫无还手之力的境地。到7时45分，"古德霍普"号已被德舰"沙恩霍斯特"号击中约35次，从舰首到舰尾燃起大火，最终爆炸。8时左右，英国海军少将克拉多克和所有舰上的900多名官兵全部随舰艇沉入海底，无人幸免。"蒙默斯"号则更无力抵抗德舰"格奈森瑙"号的齐射，其火炮很快被全部打哑，火焰冲天，被迫撤出战斗。8时15分，"蒙默斯"号调转180°向偏北方向缓缓驶去。或许是太过于紧张的原因，它搞错了方向，北面正停有3艘德国轻巡洋舰。8时58分，最北面的"纽伦堡"号发现了垂死的"蒙默斯"号，立即上前攻击，在一通狂轰之后，"蒙默斯"号于9时18分沉没。全舰近700名官兵无一幸免。而"格拉斯哥"号和"奥特朗托"号在同"莱比锡"号和"德雷斯顿"号战斗一番后，向西南方向逃走，与300千米外的"老人星"号会合。"老人星"号的格兰特舰长也知道自己的航速慢，火炮射速不如德舰，便在收容了"奥特朗托"和"格拉斯哥"号之后撤回了马尔维

纳斯群岛。斯佩因畏惧"老人星"号的12英寸巨炮，而且对眼前的战果颇为满意，所以未下令追击，只派速度较快的"莱比锡"号和"德雷斯顿"号向合恩角方面搜索，自己则率其余的3艘战舰喜气洋洋地返回了中立的智利港口瓦尔帕莱索加煤。至此，科罗内尔战争结束。

战争结果及评价

在这次海战中，英国由于缺乏支援及力量上明显的劣势，损失了2艘装甲巡洋舰，遭受了9月22日德国"U-9"号潜艇击沉3艘装甲巡洋舰后的又一次重大损失；而德国以其优势的兵力，巧妙地利用距离、位置、光线和风浪，以3个人受伤的微弱代价赢得了这场战争的胜利，暂时夺取了南太平洋上的制海权。但是，这支德国舰队在此次海战中也元气大伤，其8.2英寸口径大炮的弹药消耗了42%，在这一地区又无从得到补充；而英国人在经历了此次耻辱大战后，正派一支强大的舰队赶来"复仇"，又一场战争即将爆发。

科罗内尔海战

马尔维纳斯群岛海战

马尔维纳斯群岛海战（1914 年 12 月 8 日），是第一次
世界大战期间德英两国分舰队在马尔维纳斯群岛附近进行
的一场海战，以英军的全面胜利而告终。

战争背景

1914 年 11 月 11 日，德国海军
中将斯佩率领德国海军东亚分舰队在
智利沿海的科罗内尔海战中，成功地
击败了英国海军少将克里斯托弗·克
拉多克爵士指挥的一支英国海军分舰
队。在一个小时内就击沉了"古德霍
普"号和"蒙默思"号两艘装甲巡洋
舰，同时，斯佩的舰队只被无足轻重
地命中 6 发，只有 3 个人受伤。这一
战果迫使剩下的英国轻巡洋舰逃走，
同时还切断了来自秘鲁和智利的硝酸
盐、铜和锡的船运。

克拉多克舰队的失败，使英国这
头睡狮顿时惊醒过来，英国海军部立

即决定派出强大兵力去截击、消灭德
国太平洋分舰队。英国情报部门估计
斯佩还会在原来的一带海域出现。11
月 11 日，海军大臣丘吉尔和第一海
务大臣约翰·费希尔勋爵命令原海军
参谋长多夫顿·斯特迪海军中将，率
领快速战列舰"无敌"号和"坚强"
号以最快的速度驶往马尔维纳斯群
岛。12 月 7 日，英舰队到达马尔维
纳斯群岛斯坦利港，与原来驻泊在那
里的 5 艘舰艇会合，组成了一个新的
舰队。这支舰队总共包括了 2 艘战列
巡洋舰"无敌"号和"坚强"号，1
艘战列舰"康珀斯"号，3 艘装甲巡
洋舰"卡那封"号、"康沃尔"号和
"肯特"号，2 艘轻巡洋舰"格拉斯
哥"号和"布列斯托"号，1 艘辅助

巡洋舰"奥托郎托"和1艘武装商船"马其顿"号。为了对付和截击德国分舰队，英国还在北美西海岸、好望角、加勒比海等处部署了近30艘战舰，配合这次行动的还有日本分舰队和法国军舰。

而德国方面，在斯佩取得克罗内尔海战胜利后，柏林方面料到英国不会善罢甘休，曾建议斯佩尽快突破封锁返回德国。尽管斯佩同意这样做，但是为了到一艘缴获的加拿大帆船上加煤，在绕过南美洲的南端合恩角前拖延了整整一个月的时间，他损失的时间再也挽不回来了。12月6日上午他召集舰长们开会。斯佩想施展一下沿途袭扰的老把戏，计划途中进攻斯坦利港，夺取港内的存煤并摧毁岛上英国人的无线电及其他军用设施。但是其他舰长们无一赞同这一计划，无奈斯佩主意已定，执意实施。12月6日中午，斯佩舰队进入南大西洋，不过，他很快就为自己的决定后悔了。因为就在这之前一天，斯特迪的舰队刚刚进驻马尔维纳斯群岛的斯坦利港补充燃煤，前无畏舰"老人星"号也在此驻泊，斯佩的这一决定正好撞到了枪口上。

战争经过

1914年12月8日上午9时20分，斯佩舰队中担任侦察任务的前卫舰队"格奈森诺"号装甲巡洋舰和"纽伦堡"号轻巡洋舰观测到在斯坦利港内有很多桅杆，接着又发现两根巨型三角桅塔——这是英国战列巡洋舰的典型标志。与此同时，在港外警戒的老式战列舰"卡诺珀斯"号在岸上瞭望哨的引导下用12英寸前主炮向德巡洋舰突然齐射。得知这一消息的斯佩此时才方知斯坦利港内英军实力强大，原准备顺手牵羊的美梦顿时烟消云散，慌忙后撤。

早在上午7点50分，斯特迪就收到了斯佩舰队正向这个群岛接近的消息。斯特迪同斯佩一样感到意外，因为刚刚到达的英国人正在给军舰加煤和维修，没有做好战斗的准备。英海军将领自己也承认，抛锚停泊而没有生火的斯特迪舰队，"被发现时处于不利地位，如果德国人坚持及时发动攻击，则英舰队的结局将是极不愉快的"。面对这样的危局，斯特迪保持了大将应有的冷静，命令舰只立刻加煤，生火准备航行。

8时45分，"肯特"号匆匆起航，抢占主航道，防止德舰突入港内。9时，德国人发现了英国大型舰只特有的三角架式主桅，他们知道"老人星"号就在这一海域，因此推测可能这就是那艘行动迟缓的前无畏舰。而事实上"老人星"号隐蔽在山脊的后面。此前英国人已经建立了一套通信系统与陆地的通信站联通。在13,000码的距离上，"老人星"号的前主炮在观察哨的指挥下开火，但没有命中，12英寸炮弹溅起上百码高的水柱使德国人十分惊讶，他们以为斯坦利布置了大口径岸炮。没过多久，"老人星"号的反炮塔射出的炮弹越过海面，击中了"格奈森瑙"号的第4根烟囱。2艘德舰立刻转舵撤退。

9时45分，"布吕斯托"号首先离港，15分钟后"坚强"号、"无敌"号、"肯特"号、"卡纳丰"号和"康沃尔"号相继起锚出港。斯特迪命令"布吕斯托"号和"马其顿"号继续留在后方警戒。此时德舰上的瞭望哨才最终认清刚才的大型三角桅属于航速高达25节的战列巡洋舰，这个速度大大高于德舰队只有20节的平均航速。斯佩决定转向东南脱离，寻找天气状况不良的海区避开英舰。

在开始阶段，英舰编队执行统一行动，但"卡纳丰"号的低速却成了整个行动的累赘，于是斯特迪决定派2艘战列巡洋舰前去攻击。12时47分，在16,500码的距离上，战列巡洋舰"无敌"号首先开火，以干扰德舰的撤退行动，但准确度很差。半个小时后，双方的距离逐渐缩短，2艘战列巡洋舰的炮火对德舰队垫后的"莱比锡"号形成夹击之势。斯佩意识到他难以脱身了，决定用装甲巡洋舰拖住英舰，让轻巡佯舰赢得时间自行撤退。斯特迪对此早有准备，他命令"坚强"号、"无敌"号和担任监视任务的"卡纳丰"号咬住德国装甲巡洋舰，其余舰只追击轻巡洋舰，务必全歼德舰。双方展开战斗。此时德舰占据了下风向的有利位置，英舰炮手的视线被自己舰上排出的煤烟严重影响，射击效果并不理想，仅有数枚12英寸炮弹命中德舰。而德国人虽然射术精湛，但是在如此远的距离上，很难对英舰造成什么大的伤害。之后，斯特迪命令战舰急速右转以抢占下风位置，但在转向过程中，英舰视线却几乎完全被煤烟遮住，斯佩乘机转向正南，暂时脱离了英舰射程。

14时50分，英舰2艘战列巡洋舰左转，侧舷朝向德舰以发挥侧射火力。斯佩试图缩短与英舰的距离，以发挥副炮火力优势，因此也积极机动。但阵位转换也减轻了烟雾给英舰造成的麻烦。双方的射击准确度都大幅提高，结果2艘德舰，尤其"沙恩霍斯特"舰受创严重，人员伤亡增加。"沙恩霍斯特"号前后中弹50余枚，3个烟囱被炸坏，主炮被打哑，舰上一片狼藉，随即开始倾斜。16时沉入大海，包括斯佩在内的所有人员全部遇难。英舰"无敌"号被命中22弹，但并无大碍，仅有1名舰员受伤。这时德舰"格奈森瑙"号独木难支，向西南呈"之"字形躲避英方炮击，但已于事无补。16时52分，"格奈森瑙"号的最后一炮击中"坚强"号后，自己的弹药库也被大火引燃。不久"格奈森瑙"号彻底失去作战能力。英舰"坚强"号仅被中3弹，1人阵亡，3人受伤。

"格奈森瑙"号

在大型舰艇激战的同时，双方轻型舰只之间也不断进行追逐战。在德国轻巡洋舰"德累斯顿"号率领"纽伦堡"号和"莱比锡"号向西脱离时，英舰"格拉斯哥"号、"康沃尔"号和"肯特"号对其紧追不舍。13时45分，英舰"格拉斯哥"号首先

追上了"莱比锡"号并向其开火，以拖延德舰逃跑的速度。后者则左转舵用侧射火力还击，2弹命中对方，"格拉斯哥"号转向规避，"莱比锡"号乘机恢复原航向逃逸。另2艘德舰并未返回助战，依然全速脱离。14时，"格拉斯哥"号再次追上"莱比锡"号，摧毁其3个烟囱，使其航速下降。这时，英方的装甲巡洋舰"肯特"号和"康沃尔"号逐渐赶了上来。14时35分，"康沃尔"号向"肯特"号发信号，由他对付"莱比锡"号，后者则去追击"纽伦堡"号。"莱比锡"号以最快的射速向"康沃尔"号回击，结果炮膛过热，以至炮塔与火炮连接处防水的苫布都被引燃。但是"康沃尔"号上7.5英寸火炮有射程上的优势，很快就命中"莱比锡"号2弹，其中1枚引起大火。"莱比锡"号的动力装置长期高速运转，再加上第3个烟囱被炸毁，速度进一步降低。胡恩舰长意识到他已经在劫难逃了，决定返身向英舰靠近，拼死一搏。"康沃尔"号避开德舰，继续利用大口径火炮的优势打击"莱比锡"号。傍晚，"莱比锡"号受创越来越严重，而且弹药将尽。19时左右，"莱比锡"号发射了最后一弹，然后凭借尚能运转的最后一点电力向"康沃尔"号发射鱼雷。这时

"格拉斯哥"号又向其逼近开火，20分钟后，"莱比锡"号的锅炉发生爆炸。"格拉斯哥"号和"康沃尔"号向"莱比锡"号发信号要德国人投降，但没有收到回复。"格拉斯哥"号抵近"莱比锡"号观察，发现后者进水严重，开始慢慢下沉。21时30分左右，"莱比锡"号完全侧翻过来，舰底露出了水面。浓厚的黑烟从残骸上升起，紧接是一次剧烈的爆炸，"莱比锡"号最终沉入了冰冷的南大西洋。"康沃尔"号被命中18次，但无人伤亡。"格拉斯哥"号仅在追逐战刚开始时被命中2次，锅炉受损，1名舰员阵亡，4人受伤。

"莱比锡"号

在"康沃尔"号攻击"莱比锡"号的时候，"肯特"号也咬上了"纽伦堡"号，14时35分，"肯特"号和"纽伦堡"号相距8.6海里。虽然"纽伦堡"号的设计航速大于前者，但其动力装置需要大修，"肯特"号则几乎将舰上所有能烧的木材都填入锅炉，使锅炉过载，在蒸汽机曲轴高速运转下，舰体剧烈颤动，却获得了出人意料的25节高速。17时，两舰距离缩短到12000码，"纽伦堡"号凭借射程的优势，尾炮首先开火命中英舰，但损害轻微。"肯特"号略微左转舵，紧接着前主炮和右舷火炮开始射击。1枚6英寸炮弹击中了"纽伦堡"号的后轮机舱，水线以下部位被击穿，大约在17时53分，"纽伦堡"号的两个锅炉发生爆炸，航速下降到19节，两舰的距离迅速缩短。17时54分，"纽伦堡"号放弃逃跑意图，向右掉转航向，用侧舷火力射击。"肯特"号也略微右转舵，使用全部的左舷火炮还击。两边炮手都在用最快的速度装填发射。18时，"肯特"号的航速明显超过了对方，两舰距离缩短到4000码，"肯特"号舰长下令自由射击，改用大威力的爆破弹并且频频命中德舰。

18时38分，"纽伦堡"号终于停止射击，此时双方距离5000码，"纽伦堡"号又有2个锅炉爆炸，动力完全丧失。甲板烈焰熊熊，但德国海军战旗仍然飘扬。18时45分，"肯特"号再次开火，5分钟后，"纽伦堡"号降下了舰旗，开始下沉，全舰仅12人生还。"肯特"号被命中38次，16人伤亡。

在3艘英国巡洋舰和"纽伦堡"

号和"莱比锡"号交战之时,"德累斯顿"号凭借高速逃脱。"格拉斯哥"号是唯一的航速快于"德累斯顿"号的英舰。但他因锅炉受损,航速下降,再也没机会追上"德累斯顿"号了。最终"德累斯顿"号成功脱离英舰追踪,成为这次海战中德军唯一的幸存者。至此,马尔维纳斯群岛海战结束。

"纽伦堡"号

战争结果及评价

马尔维纳斯群岛之战,由于英国舰队占有相当大的优势和指挥镇定,取得了歼灭德国舰队的重大胜利。德国除1艘轻巡洋舰和1艘医院船外,其余军舰全部被击沉,而英国军舰无一损失。马尔维纳斯群岛海战的胜利,使得德国战舰无力袭击英国在大西洋上的贸易航线,英国海军终于可以把全部力量集中到主要战区——欧洲战区。

赫尔戈兰湾海战

赫尔戈兰湾海战（1914 年 8 月 28 日），是第一次世界大战期间英国皇家海军与德意志帝国海军在北海水域上的第一次重大冲突。

战争背景

1913 年，英国出于经济和军事上的考虑，决定放弃海上传统的对敌近程封锁政策，开始计划对德国采取远程的海军封锁。一战前夕，英国皇家海军在北海领域展开了 3 支封锁舰队，即集合几乎所有无畏、超无畏战列舰和战列巡洋舰的大舰队负责镇守北方出山口，水雷、前无畏舰、驱逐舰和潜艇看守狭窄的南方出口——英吉利海峡，由轻巡和驱逐舰组成的哈里奇分舰队巡逻于北海南部，策应南北方向 2 支舰队的封锁活动，并且大舰队平均每周 2 次在北海北部进行攻势性扫荡。这样英国就封闭了德国通往

远海的大门，将其压制在北海一隅的赫尔戈兰湾内。而德国害怕失去制约对方的海上力量，不敢贸然进行"总决战"，选择采用不间断的小规模战争的策略。他们一面派出潜艇进行袭击，利用鱼雷艇到英国沿岸布置攻势水雷，一面又不断派出水面轻兵力进行奔袭，但是一直避免与英军发生大型冲突。

这样的僵持状态与英国皇家海军争强好胜的霸主心态很不搭调，再加上陆上西线作战的节节败退，英军急需一个胜利。于是，英国海军部根据德国人的活动规律和情报，决定对赫尔戈兰湾进行一次奔袭，以达到对德进行报复，掩护海军陆战队在比利时的奥斯坦德登陆的目的。本次作战的

计划是：以潜艇为诱饵，把强大的水面增援舰艇布置在对方视野之外，把敌人引到赫尔戈兰湾以西海面，然后对敌人进行分割和攻击，具体日期定在1914年8月28日。德军在听闻此计划后，德国也制订了与英国如出一辙的战斗计划，即引诱英国落入自己的伏击圈，进行一次反伏击作战。一场恶战即将开始。

在这次海战中，英国海军部派出了罗杰·凯斯准将指挥的潜艇群，包括7艘潜艇、2艘驱逐舰，理查德·蒂里特准将指挥的2个最新驱逐舰分舰队，其中包括31艘驱逐舰和2艘轻巡洋舰领舰，作为引诱兵力和先头部队。之后，为了保证战争的胜利，英军又派出了强大的后继支援力量：从大舰队中调出威廉·古德诺准将指挥的第1轻巡洋舰中队（包括6艘轻巡洋舰）作近接支援；派出巡洋舰K分舰队（2艘战巡、4艘驱逐舰）在赫尔戈兰岛西北方40英里（1英里＝1.609千米）处作远程掩护，巡洋舰C分舰队的5艘装甲巡洋舰在西100英里处待命。但是由于海军部工作的疏忽，没有把派出支援力量的决定和情报及时通知给先头兵力，凯斯和蒂里特在驶向赫尔戈兰湾时谁也不知道兵力大大增强了，致使在随后的战斗中竟然发生了把友军当成敌军的

误会。而德国海军部主要派出了9艘驱逐舰、7艘巡洋舰、2艘潜艇来应战，在兵力上，远远落后于英国。而且，德国还有一个最大的限制条件，就是他们的战列巡洋舰在午后涨潮之前是无法驶出亚得湾作战的，这无疑严重削弱了德军的战斗力。

战争双方在陆上形成对峙

战争经过

1914年8月28日清晨5时，英国的引诱兵力和先头部队驶进赫尔戈兰湾。凯斯率领的第8潜艇支队埋伏于湾内，由E6、E7和E8号三艘潜艇充当诱饵角色，浮出水面，向东面的赫尔戈兰岛前进，希望能引出德国雷击舰队，E4、E5和E9埋伏在赫尔戈兰岛附近，准备攻击过路的德舰，D2和D8在埃姆斯河口附近占据战位，等待着敌人出港支援；凯斯本人带着2艘驱逐舰游弋在诱饵潜艇身

德军潜艇

后。蒂里特带领的分舰队也在赫尔戈兰岛西北方的预定集结点做好战斗准备。古德诺率领的第1轻巡洋舰中队尾随在10英里外支援。K巡洋舰分舰队成单纵列待在蒂里特西北方30英里处，为此次作战提供远程掩护。英军做好了全面的作战部署，只待时机的到来。5时刚过，1艘英国潜艇朝德军射出了2条鱼雷，被德国第1雷击舰中队的瞭望员观测到，并立即下令进行搜索，同时用无线电发出"湾内出现敌潜艇"的警报，停泊在赫尔戈兰岛的第5雷击舰支队也做好战斗准备。约7时，双方水面舰艇发生了首次碰撞。负责搜索的德国G194号雷击舰发现了蒂里特率领的向南行进的哈里奇分舰队，转身向东南方逃去，英军第3驱逐舰支队第4分队指挥官罗斯中校带领4艘驱逐舰追了上去，德军指挥希佩尔下令8艘轻巡洋舰迎战。7时26分，蒂里特带领主力部队赶往交战现场进行支

援，途中遇到德国负责猎杀潜艇的第5雷击舰支队，双方展开追逐战。德雷击舰 V1 被击成重伤，扫雷舰 D8舰桥中弹，艇长阵亡，T33 也受重伤。7时 58 分，德国轻巡洋舰"斯德丁"号和"弗劳恩洛布"号赶来救场，双方巡洋舰展开厮杀，英军"林仙"号中弹 15 发，2 门 2 寸火炮被击哑，1 门被打坏，鱼雷发射管报废，德舰"弗劳恩洛布"号被击中10弹，其中一发 6 寸弹命中舰桥，造成舰长以下 37 人非死即伤，"弗劳恩洛布"号不得不拖着右倾的舰体退出战斗，而德舰"斯德丁"号则在达到掩护已方撤退的目的后，提早掉头撤退。8时 12 分，就在英哈里奇分舰队准备回头向西驶向德国海军基地时，古德诺派来支援的"诺丁汉"号和"洛斯托夫特"号轻巡洋舰也正赶来。德国驱逐舰 V187 就这样非常不幸地在敌方部队会合处，落入夹击之中。9时 5 分，V187 号驱逐舰被击沉。战斗进行时，英国方面还因为之前的内部沟通不利引发了一些不必要的误会，凯斯在瞭望到古德诺的巡洋舰时，一度误认为是敌舰，并准备进行鱼雷攻击，幸而很快相互辨认出来，才避免了一场自我残杀。

德国战列巡洋舰指挥希佩尔海军中将决定派出 5 艘轻巡洋舰和 2 艘潜

艇进行支援，命令战列巡洋舰准备起航作战。凯斯和蒂里特遭到了德方轻巡洋舰的严重打击，2艘轻巡洋舰、3艘驱逐舰受重伤，不断发出求救信号。作为此次行动的最高指挥官贝蒂清楚地意识到德军目前的兵力，即使古德诺的全部兵力都加入都不足以确保占据上风，而且德国在午后便可出动战列巡洋舰，自己所率领的2艘战列巡洋舰也无力自保。但是，经过一番思想斗争后，贝蒂还是决定予以支援。12时37分，贝蒂的军队与蒂里特会合，战争力量发生明显变化，顷刻间德国轻巡洋舰分舰队旗舰"科隆"号便被击沉。下午1时左右，德"美因"号轻巡洋舰沉入大海，"阿里登"号被击中起火，备用火药库爆炸，于下午3时沉没。其余2艘巡洋舰也多处受伤，急忙借助大雾的掩饰夺路而逃。下午1时，贝蒂因为担心德国战列舰加入战斗，依然在形势大好的情况下发出撤退信号，战斗结束。

被击落的飞机残骸

战争结果及评价

赫尔戈兰湾之战是第一次世界大战期间，英德双方在北海水域上的首次大规模交锋，最终以英国的胜利告终。在这次战斗中，德军共损失轻巡洋舰3艘，驱逐舰1艘，死伤、被俘1100人，而英方的损失则显得微不足道，仅2艘巡洋舰和3艘驱逐舰受轻伤，死伤人数75人。

德国之所以战败，在于德国海军缺乏对英军纵深的侦查，想当然地认为英国会在没有重型舰只掩护的情况下派遣轻型舰艇攻占赫尔戈兰湾，并自信地将削弱敌方封锁舰队的重任托付给薄弱的轻型水面舰艇部队，而将主力舰队留在港内，寄希望于用少量部队削弱对手，以保存主要力量迎接主力决战。战略计划上的严重失误必然导致其最终的失败。英军也同样暴露出了很多问题，如英国的炮弹只伤及敌舰表面，爆破力、穿透力不强，参谋人员的通讯失职险些造成潜艇误击友舰的事故等。这些都值得后来人在战争中引以为鉴。

这次海战之后，德国的海军战略发生了很大变化。德皇威廉二世决定放弃"内线削弱——主力决战"

的计划，下令舰队要保持守势，避免可能导致更大损失的作战活动，将大型军舰限制在赫尔戈兰湾内。同时防止英国舰队的再次突然袭击，德国海军在赫尔戈兰湾内大量布雷，并由战列巡洋舰队不熄火地在杰德河口待命，始终保持一个战列舰中队处于战备状态。

达达尼尔海峡战役

达达尼尔海峡战役（1915年2月～6月），又称加利波利半岛战役，是以英国为首的协约国为打破一战僵局而发动的第一次大规模的从海上向陆地进攻的两栖战役。

战争背景

1914年年底，一战中的西线战场已完全从机动战转入阵地战，整个大战进入僵持阶段。为了打破这种僵局，尽快取得战争的胜利，德国打算袭击英国的海上生命线，而英国人则决定发起两栖进攻。土耳其成为其首选的进攻点。因为土耳其作为连接欧洲大陆和亚洲大陆的桥梁，其战略位置非常重要，尤其是达达尼尔海峡。该海峡山脊陡峭，沿海多悬崖峭壁，便于凭险据守，是封锁黑海出海口和控制欧洲通往中东地区的咽喉。德国与土耳其在此构筑了大批的防御工事和海岸炮兵阵地，石崖上布满碉堡，

连接成坚固的"地城"。岸边凡是能够上陆的地段全部被火力封锁，雷区比比皆是。协约国军队要想打通通向东方的道路，就必定要攻取达达尼尔海峡，以阻断土耳其与德国的陆上联系，迫使土耳其退出战争。1915年1月2日，俄军为减轻土耳其军队对高加索方面俄军的压力，请求英国派出陆军或者海军对土耳其军队进行一次佯攻，而这一要求正好激起了当时的海军大臣丘吉尔要夺取达达尼尔海峡的想法。之后，丘吉尔积极倡导，并让当时指挥达达尼尔封锁分舰队的卡登海军中将制定了相应的夺取计划，即先由英法联合舰队用舰炮火力逐次摧毁土军海岸炮连和要塞，扫除海峡水雷，强行通过

达达尼尔海峡，攻占君士坦丁堡。1915年1月28日，英国战争委员会批准了这一作战计划。英军开始为这次作战进行全力准备。

在此次战争中，英军共投入15艘战列舰（其中装备15英寸火炮的最新战列舰"伊丽莎白女王"号，4艘法国战列舰），1艘战列巡洋舰，4艘轻巡洋舰，16艘舰队驱逐舰，7艘潜艇，1艘飞机母舰，21艘扫雷艇，1艘炮艇和若干辅助船只。英法联合舰队的兵力相当强大，其最大不足在于缺乏一个合适的前进基地。而其进攻对象——达达尼尔海峡则由德国、土耳其的陆海军联合防守，防御工事比较坚固，火力也比较强大。在海峡入口两岸配置了外围炮兵连（26门火炮），往后配有中间炮兵连（85门火炮）；在查纳卡累地域配置了内防炮兵连（88门火炮）。从海峡入口到凯佩兹之间的海岸上还安装了可以移动位置的榴弹炮。在海峡最窄处和凯佩兹一下设置了2个布雷区，共9道水雷障碍，334枚水雷。雷区还新增设了专门保卫雷区的炮台，装上探照灯，专门对付夜间行动的扫雷艇。其最大不足在于大口径炮弹远不如英军（土耳其：102～191毫米炮190门，英：234～380毫米炮92门）。

土军港口

战争经过

1915年2月19日，英军发起了突击行动，意在摧毁土耳其炮台和其他防御工事。20余艘战舰趁夜色，自爱琴海北上，到达达尼尔海峡入口处，开始攻击。但是，由于天气情况极其糟糕，狂风暴雨之下战士们很难瞄准敌方，因此第一天的攻击仅仅摧毁了一些滩头阵地，未取得实质性的战果，而船上的陆军部队也根本无法登陆，只能边打边撤退，退出了达达尼尔海峡。5天之后，天气好转，英军开始第二次轰炸达达尼尔海峡入口处的土军岸炮阵地，时间长达一周，土耳其前沿部队在英军的猛烈打击下被迫撤退。而英军就趁机突击登陆，炸毁了那些舰队没有破坏的土耳其的岸上火炮，并占领了一小块登陆场。同时，英军也付出了一定的代价，就在其登陆之后，土军炮兵不断从悬崖后面打来炮弹，导致英军士兵死伤严重，于是英军在3月3日被迫撤退。此次攻击使得土耳其大部分炮台被摧毁，但依旧未能让丘吉尔满意，卡登引咎辞职，由德罗贝克接任指挥，并决定3月18日发起总攻。为应对英军随时可能的攻击，德土方面进一步加强了防御。防御兵力从2个师增加到4个师，火炮有所增多，同时深挖壕堑以避免敌方海军炮火的攻击，并沿亚洲海岸布设了第10道水雷线，共20颗水雷。3月18日英法联合舰队以全部兵力发起总攻。先由德罗贝克指挥舰队进入达达尼尔海峡，进行炮火准备，以为其登陆兵上陆扫清障碍。在空军的掩护下，扫雷艇先行扫除了航道上土军布设的水雷，开辟出一条安全通道，大型战舰则随后驶近海峡岸边，向土军海岸防御阵地猛烈开炮。至下午4时，土耳其的岸炮部队成了哑巴，土军的防御工事被完全摧毁。然而，正当德罗贝克满意地指挥舰队返航时，不幸的事情发生了。法国海军战列舰"布韦"号在沿亚洲一侧撤退时，碰上了之前土军布下的水雷，沉入大海。德罗贝克却误认为是岸上土军火炮发出的攻击，遂命令全舰队停止撤退，集中全部炮火轰击残余的土军火炮阵地，直

到看不见土军反击的火炮射击后才罢休。可就在这时，英国战列舰"无敌"号触雷沉没，"不屈"号也被水雷炸成重伤。至下午6时，德罗贝克为了防止更多军舰的丧生，下令返航爱琴海。途中仍有战舰继续损失，战列舰"海洋"号被水雷击沉，"巨人"号被炸成重伤，"苏弗伦"号被重炮弹打成重伤。这次攻击以英军的失败告终。不过事后，有关资料显示，如果英军再坚持一下或者很快发起强大进攻，土军根本无力抵抗，而德罗贝克却满足于一时的胜利，错误地指挥舰队驶入了土军新布设的雷区，使得煮熟的鸭子就这样飞了。

至此，英军完全放弃了从海上登陆的作战计划，决定实施陆海军联合战役，即由登陆兵夺取加利波利半岛和达达尼尔海峡地区的筑全工事，以保障舰队突入马尔马拉海，然后从陆上和海上实施突击，攻占君士坦丁堡。陆军大臣基钦纳开始负责整个战役，并任命汉密尔顿为爱琴海战区司令。对于进一步的作战，英方准备相当仓促，没有做好各项准备工作，比如参战的英国、法国、印度、澳大利亚、新西兰等国军队6万余人没有进行过一次战前协同训练，战后发现联军缺乏山地作战所用的火炮，高级指挥官没有一张像样的军用地图等，也

没有制定统一的作战计划，甚至没有选定登陆地点。而土耳其方面却早已经加强了防御。其指挥官冯·桑德斯调集了所有的火炮在半岛高地上筑起炮兵阵地，兵力由原来的 4 个师增加到 6 个师，在协约国可能登陆的所有滩头后面挖筑壕堑，配以铁丝网和机枪火力点。这些都预示着英军的这次登陆战并没有预想中的顺利。

4 月 23 日，英军自希腊的穆兹罗斯港启程。4 月 25 日至 26 日，各登陆部队在遇到轻微抵抗后，到达岸边沙丘地带。但是这次登陆的成功带来的却是一场毫无价值的僵持局面，联军被围困于 2 英里长，不足 2 英里宽的海滩区域，两端为悬崖峭壁所阻塞，部队内部乱成一团，并不断受到土方的袭击。自 4 月底到 5 月初，英军在该地发动 3 次进攻，均以失败告终，共伤亡 4500 人。5 月以后的地中

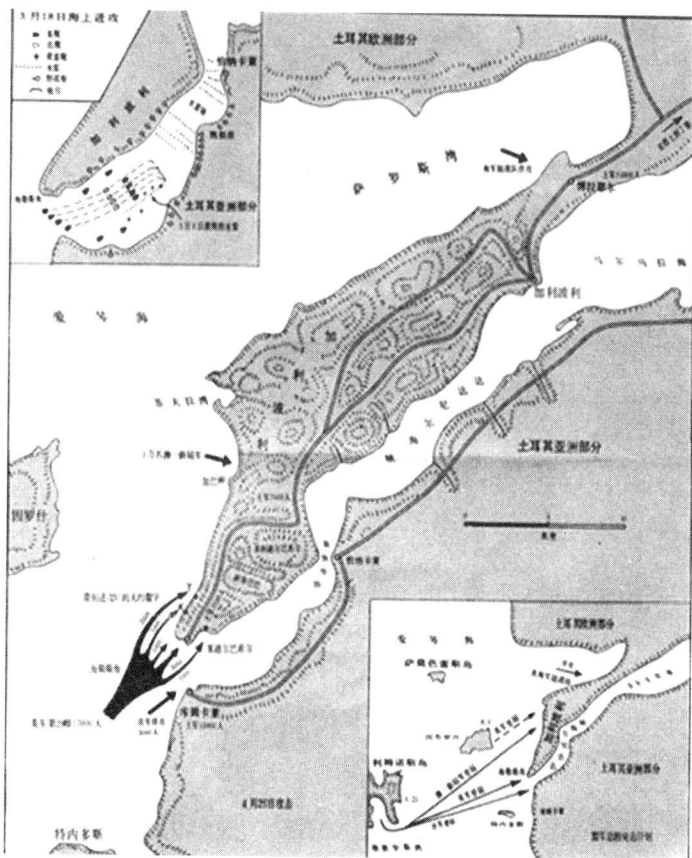

战争形势图

海地区，天气渐渐炎热起来，战场上万余尸体开始腐烂，沉闷、炎热、疾病等使部队的生活更加困难，双方进入僵持状态。而战役初期的英法海军也同样受到严重损失。5月底前，英国连续损失3艘战列舰。5月13日，1艘土耳其驱逐舰用鱼雷击沉英战列舰"哥利亚"号。5月25日、27日，德国潜艇"U—21"号连续击沉英战列舰"胜利"号和"威严"号。为了抗击德国潜艇，英国决定派出1艘浅水重炮舰和13艘潜艇来辅助作战。英国的这些潜艇通过摧毁土耳其运送补给的船只，袭击其后勤部队，对海岸进行小规模袭击等方式，取得了一定的成效，但是这些并不能根本改变陆上的僵持局面。6月初，英国决定增派5个师的兵力支援陆上作战。8月6日，为了拦腰切断加利波利半岛，汉密尔顿决定在加巴岬发起新的攻势，同时派2个师的兵力在苏夫拉湾登陆实行奇袭。8月6日夜间，英军完成在苏夫拉湾的登陆，英法联军转入进攻。到8月10日，土军阻止了英法联军的进攻，第一次全面进攻暂告结束。战斗中，英法联军损失约4.5万人，与土军的损失大体相当。9月，英军总指挥汉密尔顿被召回伦敦，查尔斯·门罗将军上任，双方战斗时断时续。到了11月，天气又渐渐变坏，雷暴雨及暴风雪的突然来袭把英土两军共1000多人淹死在战壕里。门罗将军意识到就此下去，无异于自取灭亡，加利波利战役注定是一场失败，因此决定撤退。12月19日夜，在极为秘密的情况下，联军开始撤退，到1916年1月9日，撤退全部完成，过程中无一人伤亡。至此，达达尼尔海峡战役宣告结束。

英法联军撤退

战争结果及评价

达达尼尔海峡战役持续 259 天，其中英法部队共伤亡 25 万人，土耳其伤亡 18.6 万人；英法联合舰队损失战列舰 6 艘，土耳其损失 1 艘，以英法联军的失败告终。达达尼尔海峡战役失利的主要原因在于英法联军低估了敌方的防御能力，攻击行动缺乏突然性和充分准备，组织混乱，对敌方情况不明，指挥上犹豫不决等。另外，德土统帅部巧妙使用陆军、海岸炮兵和抗登陆水雷障碍，以及德国舰队在海上交通线上的有效作战，都是英法在达达尼尔海峡战役中失利的重要原因。达达尼尔海峡战役是有史以来最大的一次两栖进攻战役，对未来战争提供了足够的经验和教训，影响深远。这次战争之后，人们开始重新探讨有关准备和实施攻占海防筑垒地域的方法，制定出准备和实施登陆战役的新方法。

日德兰海战

日德兰海战（1916年5月31日～6月1日），又称为斯卡格拉克海峡海战，是第一次世界大战期间英德双方在丹麦日德兰半岛附近北海海域爆发的一场海战，是一战中规模最大的一次海战，也是海战史上战列舰大编队之间的最后一次决战。

战争背景

1916年是第一次世界大战的第三年，陆上战争陷入僵局，海上战争也无法分出胜负。一方面英国拥有世界上最强大的海军舰队，凭优势对德国舰队实行海上封锁，使其多半时间困于威廉港和不来梅港；另一方面，德国虽然不敢让公海舰队远离基地，但也在暗中发展自己的海军力量，不断地通过开展潜艇战、布置水雷、派飞艇等对英国进行突然袭击，双方谁也制服不了谁。而这种形势就在1916年后开始变化。1916年2月，

主战的德国海军上将莱因哈德·舍尔出任公海舰队司令，为了摆脱英国主力舰队远程封锁给德国海军造成的困境，舍尔制定了一个诱敌出击的计划：先以少数战列舰和巡洋舰袭击英国海岸，诱使部分英国舰队前出，然后集中大洋舰队主力聚歼，继而在决战中击败英国主力舰队；而英国此时也想打破僵局，企图通过重创德国大洋舰队，以撤出兵力全力以赴对付德国潜艇。如此必然导致一场大规模的海战。

1916年5月31日，经过4个月作战准备的德国舰队决定将此计划付诸实施。凌晨1时，海军中将希佩尔

莱因哈德·舍尔

率领第一、第二中队的巡洋舰队组成"诱饵舰队"驶出威廉港，开向日德兰半岛西海岸，2小时后，舍尔亲自率领大洋舰队主力开往设伏海域。舍尔的计划虽然看上去无懈可击，可他却怎么也想不到，此次行动的天机已经泄露。5月30日下午，英国海军情报人员在打捞一艘德国沉没军舰时，获得一份德国海军的密码本，破译了德国海军的无线电通信内容，得知希佩尔已率领舰队离开威廉港。真可谓英雄所见略同，在获悉情报后，杰利科连夜制订出一个与舍尔如出一辙的作战计划：由英国海军中将贝蒂率领巡洋舰分舰队诱使希佩尔进行攻击，短暂炮击后，把希佩尔引向潜伏在地平线外的英国主力舰队。5月30日11时，贝蒂率领前卫舰队从苏格兰的罗赛思港出发，将于31日下午到达挪威以东日德兰半岛附近海域，以期与德舰队相遇。杰利科则亲自率主力舰队从斯卡帕弗洛港出发，也将于31日下午到达贝蒂舰队西北方向60海里处的海域，等待德舰的出现。几小时后，设伏在罗赛思港外的德国潜艇向大洋舰队发回了"敌人舰队出航"的电报，而德国的"诱饵舰队"也早在英国人的监视之下，双方都认为"对方已上钩"，他们相向平行而行，奔赴预定战场。但是，无论是舍尔还是杰利科，都未预料到对方舰队已经全数出动。直到5月31日14时20分，为查看一艘情况异常的丹麦不定期货轮，英德两支轻巡洋舰差不多同时发现了对手，并立即向各自的舰队发出"发现敌人"的警报。之后，希佩尔按照预先计划，掉头向东南方驶行，想把英国舰队引入德国主力舰队的火力范围内，而贝蒂为了诱引"逃跑"的德舰反向追击，而主动追赶德舰。这样，英德两支"诱饵"舰队靠在了一起，双方都处在对方的坚炮射程内，德国军舰先开了火，英国军舰立即进行还击，日德兰海战就这样在400平方英里的洋面上拉开了序幕。英德双方兵力，英国占有明显的数量优势。其中英国杰利科的主力舰队由 3 支战列舰分舰队（共 24 艘战列舰），1 支战列巡洋舰分舰队（共 3 艘战列巡洋舰），2 支装甲巡洋舰分舰队（共 8 艘装甲巡洋舰），1 支轻巡洋舰分舰队及其附加力量（共 11 艘轻巡洋舰），3 支驱逐舰支队（共 52 艘驱逐舰，1 艘轻巡洋舰领舰）组成；贝蒂率领的舰队编成是：2 支战列巡洋舰分舰队（共 6 艘战列巡洋舰），1 支快速战列舰分舰队（即第五战列舰分舰队，共 4 艘快速战列舰），3 支轻巡洋舰分舰队（共 12 艘轻巡洋舰），3 支驱逐舰支队（共 27 艘驱逐舰，2 艘轻巡洋舰）。而德国舍尔所率领的公海舰队主力编成是：3 支战列舰分舰队（共 22 艘战列舰），1 支战列巡洋舰分舰队（共 5 艘战列巡洋舰），4 支鱼雷艇纵队（共 31 艘鱼雷艇，1 艘轻巡洋舰领舰）；希佩尔率领的诱敌舰则由第一、第二巡洋舰分舰队（共 5 艘战列巡洋舰，4 艘轻巡洋舰），3 支鱼雷艇纵队（共 30 艘鱼雷艇，1 艘轻巡洋舰领舰）组成。二者的兵力对比为：战列舰英德数量对比为 28 : 22，战列巡洋舰比例为 9 : 5，装甲巡洋舰为 8 : 0，轻巡洋舰为 26 : 11，驱逐舰（鱼雷艇）为 77 : 61。而且英国的火炮数

量和战舰速度有相当的优势，英德战列舰和战列巡洋舰上火炮数量对比为 344 : 244，其战列舰的速度要高出德国 1~4 节，战列巡洋舰的速度也比德国任何一艘巡洋舰都高。

弗南兹·冯·希佩尔

但是，具体到战舰的性能上，德国则技高一筹。首先，英国战舰设计的追求是航速和火力，忽视了其他方面的改进，牺牲的是装甲防护力，也没有很好的防火措施。而德国战舰则注重了这些方面的改进，在降低航速和装备的基础上强调更好的防护力，具有较厚的装甲和防火系统，炮塔之下设有防护得很好的垂直通道，如果炮弹在炮塔里爆炸，可以防止火势下窜到弹药库，不会引起进一步的损

害。其次，英国炮弹中装的是苦味酸炸药，一经震荡或撞击便可爆炸，而德国炮弹装有定时信管和稳定的"TNT"炸药，具有更强的穿透力和爆炸力。最后，相对于英国来说，德国的战舰上安装了瞄准器，炮手进行了严格训练，具有较高的射击技能，收到了更好的射击效果。另外，德国在信号技术、测距和夜战设备方面，也都超过英国主力舰队。

战争经过

1916年5月31日15时49分，战斗在英德双方的战列巡洋舰之间展开。由于德舰采用了先进的全舰统一方位射击指挥系统，火炮命中率远远高于英舰，而且德军的穿甲弹也优于英军，双方交火后，德舰的每次齐射几乎都击中目标。15时56分，贝蒂的旗舰"狮"号便被击中2次，100名官兵当即阵亡。16时，1枚穿甲弹洞穿中"狮"号中部炮塔，并在塔内爆炸，引燃了火药袋。幸而当时双腿已被炸断的炮塔指挥官哈维少校急中生智，下令向弹药舱注水，才使2.6万吨的"狮"号免遭覆没的厄运。16时5分，英德舰队的后卫也投入激战，1.9万吨的英国战列巡洋舰"坚强"号被德舰"冯·德·塔思"号打

中两炮，弹药库爆炸，"坚强"号立刻左倾，翻转沉没，1017名皇家海军官兵随舰葬身海底。之后，希佩尔下令集中火力猛轰英战列巡洋舰"玛丽女皇"号，使这艘2.635万吨的超级无畏战舰连中数弹，爆炸后一折两段，迅速沉没，全舰1275人仅有9人生还。短短一个小时内，英国皇家舰队竟被轰沉2艘，摧毁1艘，沉重打击了英军士气，舰艇减少，火力削弱，双方力量对比发生逆转，战局对英军越来越不利。而就在德国舰队意欲反扑，英舰队即将支撑不住的时刻，英军第五战列舰队终于赶到海战战场，以大口径火炮对德舰进行轰击，扭转了英国海军的颓势。16时10分，英舰"巴勒姆"号的一枚15英寸巨型炮弹在德舰"冯·德·塔恩"号水线下舰体上凿开数米直径的大洞，600吨海水涌进船舱，"冯·德·塔恩"号舰尾沉入海面。幸亏德国军舰按照提尔皮茨理论设计加强了防水结构，"塔恩"号终于控制了进水，但被迫撤出战斗。另一艘德国战列巡洋舰"赛德利茨"号也负了伤，一座炮塔被击穿起火，不过由于采取发射药严密保管的措施，避免了火势蔓延引起的大爆炸。在冰雹般的英国炮弹轰击下，希佩尔指挥舰队边打边向东后撤，以将英舰队引向舍尔所率

领的德国主力舰队。16时38分，英国轻巡洋舰"南安普顿"号才观察到了德国公海舰队主力，立即向贝蒂发出了报告，"东南方有战列舰"。这时，一直认为舍尔还在威廉港的贝蒂才意识到自己已经落入了敌人圈套，处境危险。但是为了达到引诱对方的目的，贝蒂仍按原来的方向继续南行，直到德国主力舰队在地平面上隐约可见时，才180°大转弯，全速北去，以便把德国主力舰队引向杰利科方向。而同样被蒙在鼓里的舍尔仍然认为英国大舰队主力没有出海，于是下令舰队全线追击。

下午18时左右，杰利科的主力舰队以每4艘战列舰排成一纵列，6行并列队形从东北方向杀入战场，与贝蒂的北上兵力会合。4分钟后，杰利科发现了德国舰队的准确方位，并决心采用大胆的横穿"T"字头战术，24艘战列舰很快排成一路纵队，向东南方向的德大洋舰队猛扑过去。贝蒂舰队也调转航向，与希佩尔舰队展开激烈的搏杀。18时20分，希佩尔的旗舰"吕措夫"号被英舰密集的炮火击中。英国的2艘老式装甲舰"防御"号和"勇士"号也被德国的战列巡洋舰击中，一炸一沉；18时33分，1.7万吨的英第三战列巡洋舰中队旗舰"无敌"号又被德舰击中，

引起火药库爆炸，当即炸成两段，舰队司令胡德少将连同1000余名舰员一同沉入海底，仅6人得救。但英国舰队的损失并没有影响主力舰队在数量上的优势，而且德方一艘接着一艘的排成纵行的战舰，由于前面的挡住了后面的射界，所以在发挥火炮威力方面大大受到了阻碍。更让德舰头疼的是，舍尔此时才发现他所面对的是英国的整个主力舰队，显然已经没有任何选择余地，只能撤出战斗。18时36分，舍尔发出海军命令，"转向右舷作战"，全体舰队向后转180°，在鱼雷艇的掩护下向西南逃去，这样的结果是跑得越远，离东南方向本土基地就越远，形势就更为不利。杰利科则由于烟雾原因并未注意到敌人去向，也害怕触到德国水雷和鱼雷，并没有趁机紧追，而是选择了倒转航向，将自己的主力舰队部署到敌舰队与其基地之间的位置上，形成了一个新月状队形，截断了德舰返回基地的退路，形成包围阵式。在这种形势下，舍尔决定趁英国舰队变换队形时转身杀回去，从主力舰队的尾部实施突破，打破英军封锁，拼杀出一条血路，返回基地。于是，18时55分舍尔发出第二次"全体一齐"转向命令。然而，这次舍尔的计算失误了，德国大洋舰队并没有冲向英国主力舰

队的尾部，而是直接撞入了英国主力舰队的中央，战场上又一次形成了对英国舰队有利的"T"字形作战态势。19时12分，英国战列舰全部开炮射击，舍尔立即下令施放烟幕和鱼雷，并命希佩尔的战列巡洋舰作"死亡冲锋"，掩护主力转向后撤。最终大洋舰队又一次脱离险境，但希佩尔的旗舰"吕措夫"号却在再一次遭到打击后燃起大火，保护它的鱼雷艇只好向其施放鱼雷加速其沉没，"德弗林格"号的主炮台全部报废，德国的2艘战列舰也受到重创。面对如此严峻的形势，舍尔发出第三次"全体一齐"向后转的命令。19时35分，德国速度最高的第3战列舰分舰队再次西去，战列巡洋舰紧随其后，德国大型海舰很快消失，英国人停止炮击。杰利科担心受到德军鱼雷和水雷的攻击，便没有追击，而是打算先将舍尔舰队围堵在返回其本土基地的航线外，待天明之后再一举歼灭。

然而，这次杰利科失算了，短短的一个黑夜给了德国舰队足够的喘息机会。德国舰队总指挥舍尔很清醒地意识到，德国舰队要想突破英军包围，必须利用好5月31日夜间这段时间，否则将再也没有反击机会。因此，舍尔制定了转变航向为东南，趁夜从英国主力舰队的尾部冲杀过去，

突破封锁线，经合恩角水道返回基地的作战计划。德国舰队遵照舍尔的命令，投入全部兵力，拼死一搏，他们冒着纷飞的炮火和英国鱼雷，从不同方向袭击英国主力舰队，给英军造成混乱和判断失误，使杰利科摸不清德国舰队的位置。31日22时10分，德国的第2轻巡洋舰队与英国的第11驱逐舰支队发生冲突，英国支队领舰轻巡洋舰"卡斯特尔"号受伤。22时15分，英国第2轻巡洋舰分舰队与德国第4轻巡洋舰分舰队发生3分钟的交战，英国的"都柏林"号和"南安普顿"号受伤，德国的"斯梯林"号和"弗劳恩洛布"号受重伤，后者于22时45分沉没。23时30分，德国公海舰队和英军担任后卫的驱逐舰遭遇，双方借助照明弹、探照灯和舰艇中弹的火光进行着漫无目标的射击和冲撞。结果，英国的战列巡洋舰"黑太子"号误把4艘德国战列舰当做友舰，遭到敌舰的一阵齐射，最终起火爆炸沉没。英国1艘驱逐舰"喷火"号也因撞到德国战列舰"纳绍"号而沉没。6月1日1时45分，英国海军上校斯特林指挥的驱逐舰"福尔科奈"号射出的2枚鱼雷击中目标，德国旧战列舰"帕默恩"号被鱼雷引爆火药库，炸得稀烂，全舰无一人生还。德舰"埃尔滨"号中了鱼雷后失

去操纵，为防止被俘自沉了。直到 6 月 1 日凌晨 3 时，德国舰队终于从英军封锁线上杀开了一条血路，向合恩角水域狂奔，杰利科率领英军穷追不舍。凌晨 4 时 15 分，舍尔已率领德舰通过杰得河口雷区中间的秘密水道入口进入威廉港内，安全到达合恩角。而英国舰队则因惧于德国威廉港附近密密麻麻的水雷阵，不敢继续追逐，只能悻悻地返回斯卡帕弗洛海军基地。至此，战斗完全结束。

战争结果及评价

日德兰海战没有绝对的失败者，也没有绝对的胜利者。从具体损失来看，英国舰队共损失 3 艘战列巡洋舰，3 艘轻巡洋舰和 8 艘驱逐舰，战斗吨位达 11.5 万吨，伤亡 6945 人；德国舰队共损失了 1 艘老式战列舰、1 艘战列巡洋舰、4 艘轻巡洋舰和 5 艘驱逐舰，战斗吨位达 6.1 万吨，伤亡 3058 人，英德双方损失比近 2∶1。德国公海舰队在力量对比明显不利的条件下，以相对较少吨位的舰只损失击沉了更多的英国船只，摆脱了潜在的危险，从而取得了战术上的胜利。然而从战略意义上来看，英国是胜者，这次海战中德国并没能打破英国的海上封锁，依旧是一致"存在舰队"，仍然被困于港口内无所作为，英国舰队继续控制着整个洋面。从整个海战发展史来看，日德兰海战是战列舰时代规模最大也是最后的一次舰队决战。在这次海战中，大炮巨舰主义遭到失败。此后，德国和其他海上强国开始研发争夺制海权的新型力量和探索新的战法，如二战中出现的潜艇破袭战和航母海空决战。

斯卡帕湾偷袭战

　　斯卡帕湾偷袭战，是二战爆发初期纳粹德国企图突破英军海上封锁，以"U－47"号潜艇对英国海军基地发起的一次绝密的偷袭行动。

战争背景

　　1939 年 9 月 1 日，纳粹德国突然袭击波兰，第二次世界大战爆发。在广阔的大西洋及其周边海域，德国海军对英国展开了潜艇战。

　　斯卡帕湾海军基地，位于苏格兰北部的奥克尼群岛中间，是英国海军的主要基地之一。它东面扼守北海，西面是大西洋，地处海上交通要冲，战略位置十分重要。而且港湾内水域开阔，适合大型水面舰艇的驻泊。二战开始后，英国巡洋舰、战列舰和航母等大型战舰就纷纷停泊在斯卡帕湾，对德军进行了远程封锁。为了突破英国的海上封锁、占领斯卡帕湾这

个军事要地，海上力量处于弱势的纳粹德国决定孤注一掷，对斯卡帕湾展开偷袭作战。

　　其实，攻占斯卡帕湾的计划在德国潜艇部队司令邓尼茨的脑海中早就形成了。早在 1939 年 6 月，邓尼茨就开始不断派出侦察飞机和潜艇对斯卡帕湾进行秘密侦察，监视英海军舰船进出港口，搜集港湾的水文、海底地质情报，掌握了海湾的潮汐规律，获取了对潜艇航行至关重要的水流流向和流速数据。侦察潜艇还搜集了斯卡帕湾基地的设防情报，特别是防潜网的设置以及水下障碍物的构筑和航道水雷布设情况。

　　1939 年 9 月，邓尼茨根据所侦查的情报发现，斯卡帕湾共有 7 个出

海口，其中西部的 3 个出海口水面宽阔，东部的 4 个出海口较狭窄。英军在基地周围建有严密的防空火力网和对海射击的岸炮阵地；6 个出海口的水下构建了多层防潜艇偷袭的拦阻网，在较宽阔水面的出海口除留有秘密航道外，均布设了沉船障碍和水雷阵。第 7 个出海口是柯克海峡，那里没有布设防潜网和水雷阵，但是此处水道狭窄，海流湍急，巷道里布满礁石，形成了天然屏障。为了万无一失，英国海军还在那里凿沉了 3 艘旧船，堵塞了航道。据此，邓尼茨设想了一个冒险的偷袭计划，即派一艘潜艇在涨潮时冒险潜入斯卡帕湾，利用黑夜，用鱼雷击沉基地内的主力舰。为了确保斯卡帕湾偷袭计划的成功，邓尼茨挑选了精于潜艇操纵指挥、精于潜艇攻击战术、在极其复杂危险的情势下能临危不惧沉着应对的普里恩上尉，由他指挥"U－47"号潜艇去执行这项艰巨的任务。斯卡帕湾偷袭战中所涉及的战斗力量主要是德国的"U－47"号潜艇和英国的"皇家橡树"号战列舰。"U－47"号潜艇是新型潜艇，水面排水量 753 吨，水下排水量 857 吨，装备 4 具重型鱼雷发射管，携载 8 条直径 533 毫米的 GTe 型电动鱼雷和 4 条 G7a 型蒸汽瓦斯鱼雷。英国的"皇家橡树"号战列舰全长大约 180 米，满载排水量达 3.4 万吨，最大航速为 21.5 节，航程为 7000 多千米，100 毫米、150 毫米和 330 毫米 3 型大炮达 28 门，小型火炮为 16 门，是英国威力极大的海上炮击平台。

战争经过

1939 年 10 月 7 日，"U－47"号潜艇静悄悄地驶出基尔运河进入北海。普里恩上尉下达了潜航的命令。潜艇随即钻入了水中，日夜兼程驶向大西洋。10 月 13 日 4 时许，潜艇驶抵英国奥克尼群岛东部近海。为躲避英海军舰艇，"U－47"号潜艇从潜望镜深度下潜至 90 米深的海底等待

"U－47 号"潜艇

时机。这时，普里恩上尉召集艇员，宣布了作战命令：前面是斯卡帕湾，"U—47"号的任务是突入斯卡帕湾，袭击停泊在那里的英国战舰。当晚19时，"U—47"号潜艇开始行动。它在夜幕的掩护下，驶近了柯克海峡入口处。普利恩通过潜望镜仔细地观察着海面，突然，他发现了3艘沉船横栏在水道边，两艘沉船成南北一线排列，另一艘靠近海岸，相互重叠交错的沉船之间有一条狭窄的通道，是潜艇可出入的唯一地方。普里恩驾着潜艇，小心地接近沉船，在接近通道口时，普利恩上尉下令潜艇停机，让潮水推动潜艇前进。当"U—47"号潜艇擦着沉船挤进通道口时，沉船上垂下的锚链突然拦住了潜艇，潜艇动弹不得。普利恩上尉当机立断，命令潜艇后退，然后迅速下潜。终于，"U—47"号潜艇擦着海底，通过沉船暗障区域，进入斯卡帕湾，此时已是10月14日0时27分。

停泊在斯卡帕湾的英军舰

湾内海面上很平静，四周岛屿上的灯塔在闪闪发光，指示着航向。英军的探照灯在海空中交叉掠过，搜索着目标，但并未发现突入斯卡帕湾的德国潜艇。"U—47"号潜艇横穿了整个斯卡帕湾，却没有发现一艘英舰的身影。原来，德军10月12日派飞机侦察斯卡帕湾军港后，引起了英军高度警惕。为了防止意外，英军随即下令港湾内多数战舰转移。然而，德军10月13日并没有派飞机侦察，"U—47"号潜艇根本就不知道港湾的战舰情况有变。普利恩上尉并不甘心白跑一趟，他命令"U—47"号潜艇转向北部锚地，仔细搜索海上猎物。终于在一处海域发现了2艘隐蔽停泊着的军舰，一艘是英国的水上飞机母舰"柏伽索斯"号，另一艘是英国战列舰"皇家橡树"号。

10月14日0时58分，"U—47"号潜艇对着英国的两艘军舰齐射了3枚鱼雷。几分钟后，海面响起了巨大的爆炸声，一枚鱼雷击中了"皇家橡树"号战列舰，海水大量涌入。这时，酣睡中的英国水兵被巨大的爆炸声惊醒，可惜的是，他们首先想到的不是自己遭到袭击，而是认为战舰发生了机械爆炸事故。因为英军想当然地坚信，强大的港湾防御固若金汤，纳粹德国潜艇不可能有机可乘，战列

"皇家橡树"号被击中

舰作为钢铁堡垒，潜艇是奈何不了的。于是，舰员们在将舰体的破损处堵住，火势控制住之后，继续回舱内休息，从而贻误了最佳战机。本来以为会招来杀身之祸的德国"U－47"号潜艇迅速往外逃命，却发现英军没有派战舰进行追杀，"皇家橡树"号战列舰也并没有沉没，决定进行再次攻击。潜艇重新装填好鱼雷，重新潜

行到"皇家橡树"号附近。1时22分许，纳粹潜艇再次齐射3枚鱼雷，全部命中。"皇家橡树"号被炸裂开来，海水涌入舱内，燃油泄漏出来，漂浮在海面上，很快就沉没了。全舰大约1247人，其中833人死亡。舰长布莱格洛夫少将也不幸遇难。此时，英国海军警戒部队方才意识到斯卡帕湾遭到了德国潜艇的偷袭。猎潜艇紧急出动，在海面上进行搜索，但此刻的"U－47"号潜艇早已以最快的速度驶出柯克海峡。"U－47"号潜艇顺利完成了偷袭斯卡帕湾的任务。

战争结果及评价

斯卡帕湾偷袭战以德国的"U－47"号潜艇成功击沉英国"皇家橡树"号战列舰而告终。英国海军因此蒙受了巨大损失，也激起了英国人的愤怒。不久之后，英国研制出了新的对付德国潜艇的战术，德国潜艇的末日随即到来。

纳尔维克海战

纳尔维克战役，是 1940 年 4 月英德双方为了夺取挪威的不冻港纳尔维克而展开的一场战争。这次海战中，英军击沉了近一半的德国驱逐舰，使德海军舰队遭受了灾难性的打击。

战争背景

1939 年 9 月，二战全面爆发后，挪威和瑞典这两个北欧国家保持中立，然而作为原料产地和运输港口的它们依旧未能逃脱战争的厄运。1940 年 1 月末到 2 月初，英德双方都不约而同地盯上了挪威，企图侵占这个战略地位重要的港口城市。

挪威地处北欧斯堪的那维亚半岛的西北部，东邻瑞典，东北与芬兰和俄国接壤，西濒挪威海，南濒北海，海岸线长 2.1 万千米，多天然良港，战略地位十分重要。

由于德国没有直接进入大西洋的出口，只有经北海绕过英国本土才能进入大西洋。为了防止英国海军舰队对北海进行封锁，德国必须设法在挪威获得基地，这样才能突破英国在北海的封锁线，畅通无阻地进入大西洋。而且瑞典的铁矿资源非常丰富，二战爆发的第一年后，纳粹德国所消耗的 1500 万吨铁矿砂中，有 1100 万吨是从瑞典进口。不过在冬天的运输中，波的尼亚湾封冻，船只无法通航，瑞典的铁矿砂只能由铁路运到离拉普兰最近的挪威纳尔维克港，然后再海运到德国。整个航线都是沿挪威西海岸从北到南，极易受英军的攻击。所以为了保障铁矿砂运输的安全和北海航道的自由畅通，德国决定在挪威进行一次大规模的军事行动。而英国方面则考虑到派一部分联军经由纳尔维克北部进入芬兰，救援当时正被苏联侵略的芬兰，同时德国利用挪威运送物资也威胁到了英国的安全，对挪威进行控制势在必行。于是挪威这个在和平时期被拿来做交易的中立国在战争年代又成为了他们竞相争夺的目标。

1940年3月底，丘吉尔命令海军用水雷封锁挪威海岸，并派出舰艇去攻击挪威沿岸的重要港口，计划3月20日在纳维克登陆。但是由于芬兰在3月13日向苏联投降，再加上其他的一些原因，登陆计划被取消，结果丧失了大好的机会。3月28日，英法在伦敦召开最高军事会议，决定于4月5日在挪威海域实施布雷行动，并用部队在纳尔维克、特隆赫姆、卑尔根、斯塔万格登陆，同时在莱茵河空投水雷，以阻止德军向西推进。但由于法国担心德国报复，反对在莱茵河布雷。两国在一番争议后，将计划推迟了3天，定在1940年4月8日实施。这一推迟给了德军以可乘之机。1940年4月9日，按照"威悉河演习"计划，德军驶抵挪威纳尔维克港，准备登陆。挪威兵力根本无以抵挡德军，稍作抵抗后便缴械投降。德军发射鱼雷击沉了挪威的装甲舰"艾得斯伏尔德"号和"挪捷"号，并缴获了挪威军队仓库中大批的补给。到天亮时，纳尔维克已经被德军占领。而此时英国沃伯顿·李海军上校率领的第二驱逐舰大队也即将赶到，英军的反攻马上就要开始了。

沃伯顿·李海军上校

这次海战中，德军共投入了2艘战列舰"格奈森诺"号和"沙恩霍斯特"号，10艘驱逐舰"海德坎普"号、"安东－施米特"号、"阿尼姆"号、"提勒"号、"库纳"号、"罗德尔"号、"吕德曼"号、"吉泽"号、"岑克尔"号、"克勒纳"号，及2,000

名士兵。同时海湾中还有5艘德国人的商船——3艘运输船（包括"劳恩菲尔茨"号）、2艘油轮。英军海军则由沃伯顿·李海军上校率领第二驱逐舰分队的5艘H级驱逐舰前往作战，这5艘驱逐舰，分别是"勇敢"号、"浩劫"号、"敌意"号、"霍特斯普"号和"猎人"号。后来，英国舰队派出了由海军中将惠特沃斯指挥的战列舰"厌战"号与航空母舰"愤怒"号组成一个编队，赶赴纳尔维克。这一英国舰队由"伊卡洛斯"号担任先导，左后翼由驱逐舰"英雄"号、"福雷斯特"号捕、"狐犬"号以及"金伯雷"号组成，右后翼则由4艘部族级驱逐舰"贝督因人"号、"旁遮普人"号、"哥萨克人"号和"爱斯基摩人"号负责。

战争经过

4月10日凌晨，李上校的驱逐舰队绕过了浓雾笼罩下的乌佛特峡湾，靠近了纳尔维克港。此时，港内恰好在涨潮，英国舰队躲过了德军布下的水雷障碍，也避开了德国潜艇的监视。

4时15分，李上校指挥着旗舰"勇敢"号率领2艘驱逐舰率先驶入纳尔维克港，另外2艘驱逐舰留在港外监视德国军舰。而此时停留在港内的5艘德舰却毫无防范，立即成为了英国驱逐舰的靶子。"勇敢"号发现了德国舰队旗舰"海德坎普"号，立即发射了3枚鱼雷。同时，"勇敢"号上的口径4.7英寸舰炮对着德国舰队猛烈射击，其驱逐舰也进行鱼雷发射和炮火攻击。"海德坎普"号的舰桥被击中，在舰桥上指挥的驱逐舰司令保罗·弗雷德里希·本特当场阵亡。英国驱逐舰发射的一枚鱼雷也击中了"海德坎普"号舰体，一阵猛烈爆炸，"海德坎普"号失去作战能力，沉入海底。其余德舰急忙调转船头，仓皇迎战，但是由于德国驱逐舰的吨位比较大，在狭窄的海港内无法和轻巧灵活的英舰周旋，很快便处于了下风。德舰"安东·施米特"号还未转过身来，就被2枚鱼雷拦腰击中，当即便被打成了两截。"罗德尔"号和"吕德曼号"刚刚离开泊位就遇到了英舰猛烈的炮火，一阵猛烈敲打后，这2艘德舰满身创伤地停止了抵抗，"阿尔斯特"号被俘虏。这时，在纳尔维克港外监视德国舰队动静的英舰也赶入港内助阵，用鱼雷击沉了2艘英德商船。随后，5艘英国驱逐舰一字排开，对着港内的德国商船、仓库和岸防设施进行炮火齐射，击沉德国商船5艘。

"勇敢"号

6时左右，英舰正要撤离纳尔维克港，却遇到3艘赶来援助的德舰"科勒纳"号、"岑克尔"号和"吉瑟"号，李上校立即命令英舰迎敌。英德双方驱逐舰在7000米的距离上相互对射。德舰的大口径火炮这次占据了上风，英方局势十分不利，李上校立即下令撤出战斗。但一切已经来不及了。德国的2艘驱逐舰"提勒"号和"阿尼姆"号从南面的巴兰根湾赶来，将英舰从两个方向紧紧包裹住。"勇敢"号被德国驱逐舰所发射的炮弹击中，多处起火，舰桥也被炮弹击中，李上校壮烈牺牲。另一艘英舰"猎人"号也被德国驱逐舰的鱼雷击沉，"霍特斯普"号被德舰的炮火打得伤痕累累，丧失了作战能力，另2艘英舰也无心恋战，掩护着"霍特斯普"号突出重围，冲入公海。英德

的第一次交锋就这样结束了，双方的指挥官都战死，伤亡惨重。英舰在返航途中，碰到了从德国本土前来给德国舰队补充弹药的供给船"劳恩菲尔茨"号，英舰对其发起猛烈攻击，击沉了该商船。这样，缺乏弹药的德国舰队在纳尔维克港的处境也变得更加艰难。而英国为彻底铲除残留在纳尔维克港内的德国舰队，匆忙组织了一支极为强大的舰队，再度攻向纳尔维克港。

激战中的纳尔维克港

4月12日上午，英国海军本土舰队司令福布斯命令惠特沃斯中将率领英国"厌战"号战列舰与航空母舰"愤怒"号组成一个编队，在9艘英国驱逐舰的伴随下再次向纳尔维克的德国舰队发起攻击。4月13日，强大的英国舰队进入了乌佛特峡湾，开始了纳尔维克海战的最后角斗。乌佛

特峡湾内湾道狭窄，暗礁林立。英国舰队刚刚进入湾口，作为先导舰的"伊卡洛斯"号驱逐舰就发现了正在湾口巡逻的德国驱逐舰"库纳"号，"伊卡洛斯"号当即发动了攻击。几乎同时，"库纳"号也发现了突袭而来的英舰，但是"库纳"号在3天前的作战中被英舰击伤，而且弹药也消耗光了，早已失去了作战能力。于是，"库纳"号在发出报警信号后，选择自沉海底。附近的3艘德舰接到警报后，全部溜进罗姆巴斯克湾避难。英舰一方面派3艘驱逐舰追击逃入罗姆巴斯克湾的德国驱逐舰，另一方面由"厌战"号统率4艘英国驱逐舰去攻击纳尔维克港的德国舰船。13日13时30分，英舰抵达纳尔维克港，并立刻对港内残留的3艘德国驱逐舰进行猛烈攻击，德舰也及时反攻，向"厌战"号投射了多颗鱼雷。英国驱逐舰当即冲上前去进行掩护，"厌战"号也迅速掉转炮口，15英寸巨炮向德舰发射出致命的怒火。德舰的反击在英国战列舰强大的火力面前显得如此的软弱而毫无意义。英舰击沉了2艘在10号已经受到重创的德舰，另一艘德国驱逐舰也被英"厌战"号发射的炮弹击毁。英军也有1艘驱逐舰受重创，1艘中弹，在外撤时触礁。负责进攻罗姆巴斯特峡湾的

3艘驱逐舰呈一字排列进入湾内对德国战舰进行围攻。德舰展开了疯狂的反攻，双方挤在下狭窄的港湾内，进行火炮对射。战斗进入高潮，双方都力图拼死一战。英方希望尽快解决掉纳尔维克的德国舰队，为自己的陆战部队登陆挪威创造条件；而德方一方面要为自己的荣誉进行殊死一搏，另一方面，他们也知道一旦海战失利，正在内陆陷入苦战的陆军将变得孤立起来。双方距离越来越近，战火越来越密集。英舰"爱斯基摩人"号以火炮和鱼雷重创德舰"科勒纳"号，使其丧失作战能力。而此时解决了纳尔维克港内战斗的"厌战"号战列舰前来支援，德舰"科勒纳"号见势决定自沉弃船，"罗德尔"号也被打翻在港湾内，"提勒"号也被英国舰队堵死在了峡湾深处。穷途末路的德舰"提勒"号进行了最后的攻击，以一枚鱼雷击中了英舰"爱斯基摩人"号的舰艏，之后弃船登陆。英舰中

被破坏的港口

的"愤怒"号航空母舰也没有空手而回，击沉了德国第一潜艇编队的潜艇"U-64"号。纳尔维克海战结束。

战争结果及评价

纳尔维克海战中，德国22艘驱逐舰中的10艘全部覆灭，德国海军从此一蹶不振，再也难以组织起大规模的进攻。后来，纳粹的宣传机器将纳尔维克海战包装成了一次"英雄"式的惨败，德国军方为此专门颁发了纳尔维克海战特殊纪念勋章来纪念此次战役。德国海军驱逐舰司令本特少将被追受了骑士勋章。而在此次海战中夺得胜利的盟军部队，后来由于纳粹在陆上发动的闪电战而不得不主动撤离挪威。

丹麦海峡海战

丹麦海峡海战（1941 年 5 月 24 日），是第二次世界大战期间纳粹德国为了打击英国海上交通线，而在丹麦海峡发动的一场对英海战。

战争背景

1941 年 5 月，德国在欧洲陆上战场捷报频传，已经夺取了巴尔干半岛，并为进攻苏联做好了准备。但是海上形势却不容乐观，英国皇家海军将德国海军的大型军舰都封锁于北海内，使其无法发挥力量作战。为了扭转这种局面，德国海军司令埃里希·雷德尔准备进行 次大型的破交行动——莱茵演习行动。其核心为调遣"俾斯麦"号战列舰及"欧根亲王"号重巡洋舰前往大西洋，袭击盟军的商船运输，进行破交战。在 1941 年的 1 月至 3 月，德国的两艘沙恩霍斯特级战列巡洋舰曾进入北大西洋，击沉了 22 艘商船，总吨位 115600 吨。这次雷德尔希望威力更强大的"俾斯麦"号能同 U 艇一起切断英国的海上补给。

"俾斯麦"号为德国海军最新的战列舰，这也是它第一次出海作战。其标准排水量为 41700 吨，主炮为 4 座双联装 15 英寸炮，性能先进，航速达 30 节，超过所有英国战列舰。此时，德国海军已探知一项情况——皇家海军使用老式的复仇级和伊丽莎白女王级战列舰为船队护航。这些老式舰的火力足以击退攻击船队的德国重巡洋舰或袖珍战列舰。但"俾斯麦"号的性能使其有能力摧毁这些老式战列舰，同时"欧根亲王"号可以追捕逃跑的英国商船队。

"俾斯麦"号

其实，德国人开始时并没有计划使用服役不久的"欧根亲王"号，但鉴于其他大型军舰，如沙恩霍斯特级两舰都因损伤或故障而无法出港，而"俾斯麦"号的姐妹舰"提尔皮茨"号尚未完成海上调试。因此，雷德尔只能命令"欧根亲王"号出动，由刚瑟·吕特晏斯海军上将担任舰队指挥。此时，德国陆军及空降部队正在进攻克里特岛，皇家海军在地中海及北非力量吃紧，因此北大西洋较以前空虚。德国舰队计划经丹麦海峡进入大西洋。5月5日，阿道夫·希特勒来到格丁尼亚视察即将起航的两艘军舰。

5月18日，德国舰队在驱逐舰和扫雷舰的护卫下出港。5月20日，舰队被巡逻的瑞典飞机及军舰发现，该情报被迅速传给英国海军。英国本土舰队司令约翰·托维海军上将立即调遣"诺福克"号及"萨福克"号重巡洋舰，在佛里德里希·维克沃克少将的指挥下前往丹麦海峡巡逻，防止德国军舰进入大西洋。5月21日晚，德国舰队在卑尔根附近的科尔斯峡湾休整后，继续驱舰北上，准备进入海峡。同时皇家海军派遣"威尔士亲王"号战列舰及"胡德"号战列巡洋舰，由兰斯洛特·霍兰中将指挥，前往冰岛加油，随后加入"诺福克"号及"萨福克"号，在丹麦海峡巡逻。"胡德"号战列巡洋舰是当时世界上最大的战列巡洋舰，标准排水量42,100吨，主炮为4座双联装15英寸炮，航速31节，被认为是皇家海军的骄傲，但弱点是其水平装甲十分薄弱。"威尔士亲王"号是一艘刚服役的英王乔治五世级战列舰，装备10门14英寸主炮，火力较同时期其他战列舰弱，且其火控系统尚未调试完毕，影响了战斗力。5月23日上午，德国舰队开始进入丹麦海峡。英德双方在丹麦海峡随即发生接触，并进而演变为一次主力舰交战——丹麦海峡海战。

战争经过

5月23日19时，德国舰队同英国巡洋舰编队在海峡入口处接触。"俾斯麦"号向英国巡洋舰进行了5次齐射，但未有命中。而"俾斯麦"号的前雷达系统却被火炮的巨大震动震坏，吕特晏斯便命令"欧根亲王"号领头，为舰队提供雷达搜索，并继续前进。装备雷达的"萨福克"号则继续跟踪德国军舰，等待英国主力到达。霍兰中将此时距德国人尚有190海里，他立刻命令加速，以图在海峡海域拦截德国舰队。霍兰的计划是在24日凌晨约2时（在此高纬度地区日落在凌晨1时51分）与德国人接触，让他的舰队集中火力攻击"俾斯麦"号，同时维克沃克的巡洋舰将与"欧根亲王"号交战。在他的计划中，德军所处的方向将使他们暴露在太阳的余光下，而英国人将躲在黑暗中。然而，"萨福克"号在0时28分失去了同德国军舰的接触，而吕特晏斯随后不久便改变了航向以躲避浮冰，使霍兰的计划落空。直到3时整，"萨福克"号才重新发现"俾斯麦"号。霍兰立刻调整航向，前往拦截。

"威尔士亲王"号

5月24日5时35分，"威尔士亲王"号的瞭望发现德国编队，距离15海里。吕特晏斯已在声纳上侦测到了霍兰的军舰，并在10分钟后发现了水天线上的舰影。此时"萨福克"号和"诺福克"号尚在"胡德"号与"威尔士亲王"号两点钟方向，距离约28,000码，无法及时赶到战场。霍兰于5时37分下达作战命令，并命令其编队舰首指向德舰。他非常清楚"胡德"号的甲板装甲非常薄弱，所以要尽快缩短距离。因为交战距离越远，对方的炮弹就越可能击中己方军舰的甲板。5时52分，霍兰命令开火，距离22800码，目标为领头的德国军舰，因为他认为领队的一定是"俾斯麦"号。殊不知由于"俾斯麦"号雷达损坏，领队的德国军舰是"欧根亲王"号，而两艘德国军舰外形轮廓均很相似，"威尔士亲王"号亦没有辨别出来。直到打了2轮齐射后，霍兰才发现错误，立刻更改命令，但浪费了宝贵的时间，而且造成测距仪混乱。同时，吕特晏斯命令继续220°航向，占领有利战位，导致双方的航向形成T形。"俾斯麦"号随后于5时55分开火，目标"胡德"号。

德国军舰由于位置原因，在战术方面占了上风。"胡德"号及"威尔士亲王"号因为舰首对着德舰，分别只能使用4门主炮和6门主炮射击，而"俾斯麦"号及"欧根亲王"号航向稳定在220°，可以使用全部的主炮射击。此外，"威尔士亲王"号尚未完成测试的主炮故障频繁，大大影响了射速。此时"俾斯麦"号进行第3次齐射，1发炮弹命中"胡德"号中部，造成4英寸高炮及救生艇甲板起火。霍兰意识到己方处于不利位置，于是命令左舵20°，以发挥全部主炮威力。

6时整，"胡德"号尚未完成转向，"俾斯麦"号的2座尾部主炮塔进行第5次半舷射，距离约15,700码。至少1枚15英寸穿甲弹击中"胡德"号中部，弹着点在主桅及三号炮塔之间。"胡德"号主桅下方立刻升起了极高的火焰，随即舰艉主弹药库发生剧烈爆炸，摧毁了军舰中部至四号炮塔的上层建筑。"胡德"号舰体随即发生断裂，尾部立即沉没，前半部在3分钟后亦沉入水面以下。包括霍兰中将及舰长拉尔夫·科尔上校在内的1,415名英国海军官兵阵亡，全舰仅有3人获救。

德国人立刻将火力转向"威尔士亲王"号，命中其4发15英寸炮弹，及3~4发8英寸炮弹，其中1发击中了舰桥上的罗盘室与防空管制室，

俾斯麦号炮轰胡德号

大部分舰桥人员阵亡；另1发摧毁了雷达控制室，造成惨重的死伤，舰体亦受到重创。由于主炮大多出现故障而无法开火，约翰·里奇舰长于6时4分命令施放烟幕，同时向东南方撤退。6时10分，双方相继停火。由于吕特晏斯担心己方军舰会受到损失，便没有命令追击。

"威尔士亲王"号共命中"俾斯麦"号3发14英寸炮弹，其中1发摧毁了舰载机弹射器，另一发击毁了首部油槽，致使约1,000吨燃油泄漏，及航速略微下降。6时19分左右，"萨福克"号航向260°，在29,540码的距离上向"欧根亲王"号进行了6次齐射，但由于"萨福克"号的雷达错误显示德舰位于19,400码的位置，因此无一炮弹命中。随后，德英双方先后撤出战场。

战争结果及评价

在这场海战中，皇家海军调集了1艘战列舰及1艘战列巡洋舰，以拦截试图突入大西洋的1艘德国战列舰及1艘重巡洋舰。结果，英国方面损失惨重——其"胡德"号战列巡洋舰被击沉，"威尔士亲王"号战列舰遭重创；而德国方面，"欧根亲王"号重巡洋舰没有受伤，将单独继续执行作战计划，"俾斯麦"号战列舰受损不是很严重，但是也无法再继续执行"莱茵演习"作战。英军的失利深深刺激了皇家海军，一场英军围歼"俾斯麦"号战列舰的"复仇"行动即将拉开大幕。

卡拉布利亚海战

卡拉布利亚海战（又称庞塔斯提洛海战），是英意两国海军于 1940 年 7 月 9 日在地中海爆发的一场战争，是历史上双方海军舰队的第一次交锋。

战争背景

1940 年 6 月 10 日，意大利加入德国法西斯一方，对英法宣战。25 日，法国投降。这样，英国在地中海地区的形势变得严峻起来。果然，意大利海空军趁此有利时机发起了对马耳他岛的突击，英国司令坎宁安将司令部迁到亚历山大港，但是司令部的部分人员及家属却没来得及撤出，还留在岛上。为了确保岛上英方人员的安全撤退，并在海上痛歼意大利舰队，坎宁安决定立即派护航运输队去马耳他岛执行接运任务，并亲自率领一个具有掩护与突击能力的海上编队出海。7 月 7 日，坎宁安率领英地中

海舰队出海。负责这次护航和攻击的英国舰群共分为 3 个战斗编队，即前卫编队（5 艘巡洋舰），以 5 艘驱逐舰护航的旗舰"厌战"号，以及"鹰"号航空母舰为主，包括战列舰"马来亚"号及 10 艘驱逐舰的大兵力群。另外，为配合地中海舰队的行动，英国海军还组织了牵制性兵力。在以上各战斗编队从亚利山大港出发的同时，坎宁安命令 H 舰队也从直布罗陀出发，给意军造成英军意在夹击意舰队的假象，从而分散意方兵力，确保运输任务的安全。

而意大利方面，因为 6 月份才宣布作战，驻扎在利比亚的意军毫无准备。为了巩固利比亚的防守，意大利也需要向利比亚紧急补充一些急需的

人员、油料以及弹药。因此，在英国舰队决定出海活动的同时，意大利也于 1940 年 7 月 6 日晚组织了一支护航运输队南下。该护航队中由担任护航任务的 2 艘轻型巡洋舰、8 艘驱逐舰，提供策应的 3 艘重型巡洋舰、12 艘驱逐舰以及负责战斗的 2 艘战列舰、12 艘轻型巡洋舰、12 艘驱逐舰组成，其总指挥官为伊尼戈·坎皮奥尼上将。双方都准备就绪，一场海上战斗已不可避免。

战争经过

7 月 7 日夜，意大利潜艇"贝鲁尔"号发现英地中海舰队离开基地向西航行，随即对其进行了攻击，但是很不幸它所攻击的是坎宁安所率的英舰编队，非但没有收到攻击效果，反而遭到其反击，并因此退出战斗。7 月 8 日午前，意大利侦察机又报告，英国 H 舰队驶离直布罗陀海峡，向东航行。然而，这次意军识破了坎宁安的诡计，意军海军参谋部认为这支东进的 H 舰队只是英军的一支牵制兵力，威胁不大，决定使用潜艇和航空兵进行监视，适时予以打击。而主要兵力则要集中于地中海中部海域，以保证己方护航运输队的安全，并保护爱奥尼亚近岸海区不致遭受英国舰队的侵袭。于是，意大利海军参谋部指令护航运输队继续南下，完成对北非的补给任务（护航舰队于 7 月 8 日驶抵班加西港，完成任务，随后东进，以捕捉英舰队）。与此同时，意军为了能够在英国亚历山大港的舰群同直布罗陀的舰群会合之前，抓住有利战机，在岸基航空兵的配合下，摧毁英国地中海舰队的主力，开始调兵遣将。意大利海军参谋部指令巡洋舰第 3 分舰队立即开到马耳他岛以东海域待机，准备截击英国舰艇编队，又命令"恺撒"号和"加富尔"号战列舰与两个巡洋舰分队一起，组成一个强有力的海上掩护战斗群，统一由康姆皮翁尼海军上将指挥，执行海上打击支援任务。

而英国方面，在坎宁安率舰队离开亚历山大港不久后，就收到了"不死鸟"号潜艇的报告，发现一支庞大的意舰队正在马耳他岛以东 200 海里处向南航行。随后，坎宁安即指令驻马耳他岛的岸基飞机迅速飞往指定海域，进一步查明情况。坎宁安则率舰队转向机动，开赴目标区与意大利本土基地之间的海域，抢先占领有利的待机海域，不失时机地对意大利舰队实施拦截，切断其退路。午夜时分，坎宁安又接到马耳他岛侦察机的报告，在巡逻海区发现由 2 艘战列舰、

6艘巡洋舰和7艘驱逐舰组成的意大利舰队正由南向北行驶。这个情况坚定了坎宁安实施海上截击作战的决心。然而，在坎宁安将其作战计划提请上级批准的途中，被意军截获。考虑到自身的兵力情况，意军随即作出转舵北驶的决定，以便在次日中午到达英舰的必经之地，也就是在卡拉布利亚东南100千米处摆开阵势，等待英军落网。双方各揣心思，一场大战即将开始。

然而，在这次战术的较量中，意军还是略输一筹。因为在开战前，英国侦察机已经发现并报告了意大利舰队的新动向，而意军侦察机却没能发现英国舰队的确切位置。百密一疏，意大利海军参谋部因为不清楚敌舰情况而难以实施及时、正确的指挥。英军却趁机悄悄靠近意舰队，准备对其发起攻击。在相距90海里处，坎宁安下令"鹰"号航空母舰搭载的箭鱼式舰载机（舰上共有箭鱼式鱼雷机15架，斗士式战斗机3架）起飞，对意舰实施鱼雷攻击，以削弱意舰的火力，打掉意主力舰在航速方面的优势。

9日13时30分，原企图伏击英舰队的意军指挥康姆皮翁尼听到飞机的轰鸣声，才意识到英国已经发起攻击，便匆忙组织抗击和规避。1艘巡洋舰受伤，其余舰只都避开了鱼雷的攻击。随后，康姆皮翁尼赶忙派遣侦察机去察明敌情。侦察机升空后不久即发回报告，在80海里外发现目标。可惜的是，意大利空军飞机未能在舰队投入战斗前率先给英国舰只以打击，已经丧失了有利战机。

9日15时08分，意舰队右翼的一艘巡洋舰在2,5000米的距离上首先发现英舰，随即对其进行猛烈炮击。15时10分，英"海王"号巡洋舰发现意大利舰队，并开始反击。双方展开激烈的对攻，一时难分难解。直到15时22分左右，由于意大利巡洋舰发射的炮弹不停地在英巡洋舰附近爆炸，意识到危险的英军决定脱离战斗。正在这时，意"加里波第"号巡洋舰发射的一枚炮弹刚好击中了英"海王星"号巡洋舰，炸坏了舰上的弹射器，其舰载侦察机也被击毁。随后，双方巡洋舰开始脱离接触，15时30分，双方结束了第一回合的较量。

15时52分，双方战列舰开始加入战斗。16时稍过，意大利战列舰凭借主炮射程远的优势，在24,000米的距离上首先开火。英战列舰则冒着密集的炮火继续向目标靠近。这时，坎宁安发现了意舰"恺撒"号和"加富尔"号，并立即命令"厌战"

号开炮射击。接着，跟进的"马来亚"号也投入战斗，2舰集中火力对"恺撒"号进行突击。"厌战"号的一发炮弹正击中"恺撒"号前烟囱的根部，然后又落到了甲板上，浓重的黑烟从通气筒窜入锅炉舱，"恺撒"号的航速由原来的26节降到19节，同时导致附近一门37毫米舰炮的备用弹药发生爆炸，造成20多名水兵死亡，多人受伤。另外，在战斗中，意大利巡洋舰"博尔萨诺"号，也被3发炮弹击中，好在不是要害处，损伤不太严重。之后，尽管"恺撒"号的作战力没有大的损失，2台锅炉又恢复了运转，速度恢复到22节，但是在保存实力、尽量避免与优势之敌交战思想的指导下，康姆皮翁尼还是下令意巡洋舰释放烟幕，掩护受伤的战舰灭火和撤出战斗。17时许，康姆皮翁尼率其舰队转向北航，就近向西西里岛北侧的海军基地墨西拿港驶去。海上烟雾弥漫，双方失去接触。英舰队虽然处于可实施追击的有利态势，但是坎宁安不敢恋战。海战场已经距离意大利海岸不远，若率舰队闯过烟幕进行追击，虽有扩大战果的可能，但也有遭到意大利轻型兵力伏击和岸基航空兵突击的危险。权衡利弊之后，他果断决定撤出战斗，遂命令舰队转向，朝马耳他岛方向驶去。战斗就此结束。

战争结果及评价

卡拉布利亚海战是继第一次世界大战时的日德兰海战后，大型水面舰艇进行的又一次大交战。交战双方的舰队都完成了掩护各自护航运输队的任务，双方均有损伤，但都不严重。从军事角度看，这是一场平局。但是交战双方对自己的战果都不满意。英舰队未能实现摧毁意舰队的目标，而在意大利方面则留下了更多的遗憾：尽管这次海战发生在意大利近岸，在意军岸基航空兵的作战半径之内，但战场上却连一架意大利飞机都看不到；意海上指挥官康姆皮翁尼海军上将及时申请上级派遣航空兵在水面舰艇投入战斗前先行袭击英舰队，可是直到战斗结束之后，才见意军轰炸机飞临战场，然而这批意大利空军的飞机不但没有攻击英舰，反而对意舰实施轰炸。这就暴露了意大利海军在空中侦察和海空协同方面的严重弱点，这与意大利海军中没有海军航空兵编制是有直接关系的。

塔兰托战役

　　塔兰托战役，是 1940 年 11 月 11 日英国海军地中海舰队为夺取地中海制海权，以航空母舰舰载飞机对意大利海军基地塔兰托的一次突袭战，意军受到重创，从此无法再与英海军在地中海抗衡。

战争背景

　　1940 年 6 月，随着法国的战败投降，英国海军所面临的形势非常不利，它不得不在投入护航反潜兵力对付德国潜艇的海上破交活动的同时，在大西洋和地中海上同时迎战德国和意大利海军，显得有些分身乏术。意大利海军舰队常驻亚平宁半岛南部的塔兰托港，凭借地理上的优势，不断袭击经过苏伊士运河来往于东西地中海航线的英国运输船队，给英国造成沉重的损失，成为心腹之患。因此，为了争夺地中海的制海权，英国海军屡次出击，打算采取引蛇出洞的战法，诱出意大利海军主力舰只，再一网打尽。但是意大利海军司令坎普奥尼一直采取坚守防御、伺机出击的战略，平时将舰队主力驻泊在塔兰托港内，一旦发现战机，就立即出击，打完就走，决不纠缠，任凭英军如何引诱，都闭门不出。

　　寻找战机未果之后，英国海军地中海舰队司令安德鲁·坎宁安上将决定主动出击，空袭塔兰托。他根据双方的战争力量情况，制订了详细的攻击计划，即以舰载航空兵于夜间奇袭驻扎在塔兰托港的意大利海军主力，夺取英地中海舰队的优势地位。

　　经过精细的兵力部署之后，11 月 6 日，坎宁安指挥英国地中海舰队从亚历山大起航，与此同时，英国海军还组织了4支海上护航运输船队，以造成地中海舰队是掩护运输船队的假象，迷惑麻痹意大利海军。11月7日，意大利海军获悉英军舰队出港，曾一度命令驻塔兰托的军舰出海，但空中侦察毫无发现，只得作罢。11月8日，意军先后有3架侦察机飞临英军舰队上空，但都被"光辉"号航母的战斗机逐走。黄昏时分，意军7架轰炸机前来攻击，被舰载战斗机击落2架，其余飞机落荒而逃。意大利海军出动9艘潜艇和鱼雷艇部队，进行夜间巡逻，仍一无所获。11月9日，意军侦察机虽然发现了英军舰队，但在地中海上，英军展开了多个舰艇编队频繁活动，意军侦察机空中侦察能力较弱，发回的报告自相矛盾，使意大利海军司令部根本无法了解真实情况。11月10日10时许，英国H舰队出动的增援舰艇与地中海舰队会合，坎宁安下令转向亚历山大港方向航行，以迷惑意军。下午，意军10架轰炸机对英军舰队实施攻击，但在舰载战斗机的有力抗击下，投下的炸弹无一命中。11月11日凌晨，英舰队在地中海中部返航北上，重新折返马耳他与克里特岛之间的海域进行战斗编组，然后转向，直接驶往东北。一架侦察机向英舰突击群发

回了最新情报，意军所有军舰都停泊在港内，没有任何出海的迹象。黄昏，英军突击群横渡爱奥尼亚海，逐渐逼近塔兰托。而意大利海军被几天来纷纭杂乱而又相互矛盾的情报所困扰，对于英军的真实企图竟然毫无察觉。11日19时，突击群到达塔兰托东南320千米希腊克法利尼亚岛附近海域的出发阵位，为夜间的空袭战做最后的准备。

"光辉"号

这次海战中，就舰艇的数量和吨位而言，英国海军相对于意大利海军处于劣势地位。塔兰托海军基地是意大利海军插入地中海的尖刀，在这里停泊了意大利近一半的海军主力，共有6艘战列舰、8艘重巡洋舰、12艘轻巡洋舰、61艘驱逐舰、4艘护卫舰、105艘潜艇、8艘高速鱼雷艇以

及其他舰艇多艘。为预防英军可能的攻击，意大利海军还对塔兰托港采取了严密的防御措施以保卫港口及驻泊舰艇的安全。港区配置了 21 个装备有 105 毫米火炮的炮兵连，其中 13 个炮兵连驻岸上阵地，8 个连置于浮动筏上；84 挺重机枪和 109 挺轻机枪配置在港口，防御英军登陆；港外沿水域布设了 4,200 米的防水雷网，在舰艇停泊处还布设了近距防雷网，以防敌潜艇偷袭；在港区空域布设了 90 个拦阻气球，地面大约有 300 门高射炮，与军舰上的防空火炮构成了一道立体防护墙，以防英机轰炸。而英地中海舰队仅拥有航母 3 艘、战列舰 5 艘、巡洋舰 9 艘、驱逐舰 26 艘、其他舰艇 8 艘，并根据战场形势调整为地中海舰队和 H 舰队，分别由坎宁安和詹默斯·萨默维尔指挥，驻守于亚历山大港和直布罗陀海军基地。就战略位置来看，无疑意大利占据了"地利"。塔兰托港，位于意大利酷似长靴的亚平宁半岛足跟脚弓处的塔兰托湾东北部，分为内港和外港：内港又叫皮克洛港，面积较小，几乎完全被陆地包围，只通过一条狭长水道与外港相连；外港称作格兰德港，水面又宽又深，是意大利海军的主要锚地，圣皮埃特罗岛和圣保罗岛两个岛屿，犹如两尊门神守在入港的航道上，绵延数千米的防波堤从这两个岛一直延伸到岸上，如同两条臂膀将整个塔兰托港揽入怀中，使得在东、西地中海航行的意舰艇都能得到岸基航空兵的掩护，是得天独厚的海军基地。

但是，相比英国而言，意大利海军没有海军航空兵，只有空军提供的少数侦察机，这些侦察机不但数量少，而且性能差，还不具备夜间侦察能力，战斗力非常薄弱。如果海军需要空中支援，必须请求空军出动飞机，这种两个军种之间的协同作战由于缺乏默契，加上临时召唤空中支援的过程繁琐，常常出现空军接到海军请求派出飞机，到达战场上空时却已经慢了一拍的窘境，甚至有时空军根本不愿派出飞机。而英军在地中海拥有 3 艘航母，能够随时出动飞机，而且舰载机与水面舰艇有着长期的协同演练，配合比较默契，因此地中海的制空权实际掌握在英军之手。而且为保证战斗胜利，英军做了长时期的筹划和准备。英海军在战前做好了精密的攻击部署，将突击兵力编为 5 个兵力群，分别为突击群，负责突击塔兰托港口；掩护群，配置在塔兰托港外以拦截逃离港口的意海军舰艇；侦查群，担负对意塔兰托港口的不间断侦察，为突击提供目标情报；伴动群，负责在 11 日夜间袭击奥特朗托海峡的意大利运输船队，以分散意海军参谋部的注意力；攻击群，负责在 12 日攻击塔兰托船坞。另外，针对夜里作战的特点，英军在舰载机上挂了照明弹，并精心挑选了一批夜战经验丰富的飞行员，进行了夜间超低空攻击强化训练。

战争经过

1940 年 11 月 11 日 20 时 30 分，英军航母编队到达距意大利海岸东南方大约 170 海里的水域，由威廉森少校率领 12 架 "剑鱼" 式战机分成四组，以倒 "品" 字队形在密集的云层中飞向塔兰托，对意舰发起了第一波攻击，同时派一架英军侦察机环绕于塔兰托港口，以混淆意舰视听，致使意军收到了两次错误情报，提前消耗了意军的兵力。到 22 时 50 分，机群飞抵塔兰托上空，意军急忙以高射炮射击。23 时 2 分，两架照明机由南向北进入港区上空，在 1,400 米的高度以 800 米间隔依次投下了照明弹，顿时将整个港区照得如同白昼。随即威廉森的 I4A 冒着密集的防空火力，从两个拦阻气球之间飞过，低空掠过防波堤，向 "加富尔" 号战列舰投下了鱼雷，正中舰桥与炮塔之间的龙骨

下方，将舰舷炸开一个大洞，水柱喷起数十米高，"加富尔" 号开始下沉。但同时，舰上的高射炮仍然坚持对着威廉森的飞机进行猛烈地攻击，直到其中弹后坠入大海。紧跟在威廉森后面的是坎普上尉驾驶的 I4K 号，发现了 "利托里奥" 号战列舰，随即以大角度俯冲，绕过拦阻气球，在 900 米距离投下了鱼雷，准确命中 "利托里奥" 号右舷。早到的 I4M 号由斯维恩上尉驾驶，在 300 米高度飞过防波堤，不顾意军猛烈的防空炮火，直扑 "利托里奥" 号战列舰，一直冲到 360 米距离才投下鱼雷，击中舰尾左舷，使舰尾立刻燃起大火，而他自己由于高度太低，距离太近，脱离时险些撞上战列舰高耸的桅杆。蒙德上尉的 I4C 穿过塔兰托居民区，扑向港区，在意军密集的炮火中穿行，他不时采取 Z 字机动，躲避高射炮火，几乎是在紧贴着海平面的高度向 "加富尔" 号战列舰投下鱼雷，可惜由于投雷高度太低，鱼雷入水后一头扎入海底而未能命中。I4R 号以 10 米的超低空飞越防波堤，在 600 米距离也向 "加富尔" 号投下了鱼雷，鱼雷偏离目标，没有击中。4 架轰炸机本来就是单独寻找目标进行攻击，I4L 号是随着编队到达的，对水上飞机机库进行了俯冲攻击，使机库中弹起火。掉

队的 I4H 号独自攻击了停泊在内港的舰艇，E5Q 号击中了"利伯奇奥"号驱逐舰，E4F 号也对港内舰艇进行了轰炸，但战果不详。第一波攻击结束，英舰除了威廉森的长机外，全部安全返航，而意军则完全没有预料到英军会发动空袭，倦怠中的意军没有经过夜战的训练，捕捉不到目标，在 21 个高射炮齐发的情况下依旧损失惨重。甚至在英军第一波飞机离开之后，高射炮仍在漫无目标地射击。

"剑鱼"式战斗机

21 时 20 分，英舰"光辉"号再度转向，舰载机逆风起飞，第二攻击波开始。领队长机黑尔指挥 7 架飞机在 2,500 米高度以 3 机为单位排成品字形，向塔兰托飞去。23 时 10 分，塔兰托再度陷入空袭的恐慌之中。这次意军早有预防，面对英军的侵袭，地面高炮和军舰上的防空火力一起开火，组成了绵密的对空火力网，开始了对英机的攻击，而英军也毫不畏

惧，仍按计划进行战斗。首先，由两架照明机 I4B 和 I4F 沿东海岸飞行，以 15 秒间隔依次投下 24 枚照明弹，将塔兰托湾照如白昼，随后轰炸了岸上一处油库。借助照明弹的光亮，黑尔率领 5 架鱼雷机从港湾北部投入攻击，向着意大利"利多里奥"号战列舰俯冲前进，以 10 米的超低空，640 米距离投放了鱼雷，命中舰首，这艘已经在第一攻击波中受伤的战列舰再度受创，开始下沉。由李上尉驾驶的 I5H 号飞机跟在黑尔后面，迂回绕过火力网，攻击了"杜伊里奥"号战列舰，在 730 米距离上投雷，击中该舰右舷一号弹药舱和二号弹药舱之间，炸开一个长 11 米，宽 7 米的大口子，海水从缺口猛灌入弹药舱，"杜伊里奥"号战列舰不得不抢滩搁浅，以避免沉没的命运。琼斯中尉的 I5K 号也向"利托里奥"号战列舰投下了鱼雷，但未击中，I5K 号在脱离时被浮动筏上的高射炮击伤，后带伤返航。E5H 号沿东海岸的拦阻气球飞行，一直没被发现，在冲向外港时遭到意军高炮的猛烈拦截，副翼受伤，但飞行员仍向"威内托"号战列舰投下了鱼雷，并命中左舷，飞机退出时左翼也被击中，飞行员克服了操作上的种种困难，顽强地驾驶受伤的飞机回到航母。而贝利上尉 E4H 号在尼拉角

上空被击落。晚起飞的克利福德的 I5F 号向着意大利 2 艘巡洋舰投下了 6 枚炸弹，却无一爆炸，只有一枚穿透"塔兰托"号巡洋舰主甲板，击穿通风管道，落入燃油舱。至此，第二轮攻击波结束。

"利托里奥"号

12 日凌晨 1 时 12 分，第一攻击波的飞机陆续返回着舰，2 时整第二攻击波的 7 架飞机也安全返回。之后，突击群与掩护群会合，全速返航至亚历山大港。原定 12 日由驻希腊轰炸机部队发动的空袭，因天气恶化而取消，未能乘胜扩大战果。

战争结果及评价

在这次战役中，意军元气大伤，共损失战列舰 4 艘（3 沉 1 伤），巡洋舰和驱逐舰各 1 艘，而英军仅损失飞机 2 架，取得了战略上的重大胜利。之后，英国和意大利在地中海的海军力量对比发生了巨大变化，意军再也无力与英军抗衡，地中海的制海权落入英国手中。从军事理论上来讲，塔兰托战役开启了以航空母舰舰载机袭击敌方海军基地，并取得完全胜利的先河，突出显示了舰载航空兵的巨大突击威力，成为 1 年以后日本海军袭击珍珠港的预演，使航空母舰取代战列舰成为海军主要舰种，迎来了在海上实施海空一体作战的新时期，在世界海战史上占有重要地位。

马塔潘角海战

马塔潘角海战（1941 年 3 月 28 日），是二战期间英意两国为争夺地中海的制海权，在伯罗奔尼撒半岛马塔潘角附近海域展开的一场夜间大海战。这一战役力挫了意大利的战略锋芒，使英国舰队控制和封锁住了意大利出入地中海的大门。

战争背景

1940 年 11 月 11 日，塔兰托战役的失败大大削弱了意海军主力舰队的作战能力。为了保存实力，意海军在地中海区域的活动明显减少。此时在南欧作战的德军已进入南斯拉夫境内，并把进攻的矛头指向了希腊，而英国向希腊提供的海上支援，给德国进攻希腊造成了巨大的阻力，因此德军急需意军发动对英国海军的袭击，以配合德军作战。1941 年 2 月，德国海军司令雷德尔上将与意大利海军参谋长在意大利秘密会晤。德方指责意大利海军在地中海行动消极，敦促海军在地中海采取积极行动，打击英国海军。德国还通过扬言要把地中海变成轴心国的内湖来给意大利施加压力，使得一向视地中海为己地的意大利不得不对英国出兵，以守住地中海。经过 3 天的密谈之后，墨索里尼向希特勒允诺，意大利海军部队出兵与英海军地中海舰队进行决战，德国空军部队负责向意海军舰队提供空中支援。

为了让意军尽早采取行动，德军开始不断骚扰英国舰队。1941 年 1 月 10 日，驻地中海区域的德空军袭击了英国坎宁安上将率领的护航运输队，重创"光辉"号航空母舰，使英海军地中海舰队中只剩下了"鹰"号航空母舰。3月16日，德军又谎称其空军在克里特岛以西水域，重创了自亚历山大港出航的"厌战"号和"巴勒姆"号战列舰，由此意大利海军误以为，英国在这个地区只有一艘战列舰可以同他们抗争。于是在德国不断施加的压力和提供的伪情报诱惑下，意海军参谋部决定派舰队出击，企图切断英国通往希腊的海上交通线。

3月26日夜晚，意大利南部的各个重要海军基地进入戒备状态。意大利的主要作战舰艇在海军上将安杰洛·亚基诺的总指挥下，分为4个作战舰群，分别从那不勒斯、塔兰托、

墨西拿和布林迪西基地解缆起锚，到达预定海域集合。3月27日清晨，在西西里岛东海区，4个舰群合编为2个战斗群，第1战斗群进入爱琴海，第2战斗群在克里特岛以南海域活动寻歼英国舰船。27日12时20分，正当意军2支作战群在西西里海面上搜索前进时，发现被一架英国的侦查飞机跟踪。意大利海军司令亚基诺立刻命令北翼的巡洋舰战斗群在主力部队发起攻击之前与其会合。而早已获取意军倾巢出动情报的英军做好了各种应对措施，英军地中海舰队司令坎宁安将能调动的所有舰艇编成3支作战群，于27日夜起航前往克里特岛。28日晨，英意双方舰队相遇，战争爆发。

"鹰"号

这次海战，意大利共派出4个舰群出征，第一舰群由那不勒斯港的"维托里奥·维内托"号战列舰（意大利的旗舰）和4艘驱逐舰组成；第

二舰群由塔兰托的意大利海军第一分舰队的3艘巡洋舰和4艘驱逐舰组成；第三舰群由墨西拿基地的意大利海军第二分舰队的3艘重巡洋舰和3

艘驱逐舰组成;第四舰群由布林迪西港的意大利第八分舰队的2艘巡洋舰和3艘驱逐舰组成。后第一、三舰群合为第1战斗群,二、四舰群合编为第2战斗群。另外,德国还把第10航空兵团(飞机500架)自挪威调至意南部空军基地,在地中海空袭英国运输船队,并对意海军的海上行动进行空中掩护。英方为应对意大利海军舰队的挑衅,坎宁安将所有能调动的舰艇,集结于埃及亚历山大海军基地和希腊比雷埃夫斯港,并将其编成A、B、C三支作战战群:A作战群为主力编队,包括航空母舰"可畏"号、3艘战列舰(含"厌战"号)和4艘驱逐舰,由坎宁安本人指挥;B作战群包括4艘巡洋舰和4艘驱逐舰,由普里德姆·威佩尔中将指挥;C作战群由5艘驱逐舰组成,是支援编队。

战争经过

3月28日凌晨,意海军舰队驶抵克里特岛以南海域,两支战斗群南北相距25海里,23艘军舰分布在将近200平方海里的水面。英国舰队的3个战斗群也在克里特岛会合,开始搜寻意大利舰队。不久,"可畏"号上起飞的搜索飞机发现了意大利的巡洋舰战斗群正自北向南开来,而此

时,从意大利战列舰"维托里奥·维内托"号上起飞的侦察机也发现了英国的B作战群。英国B作战群也同时发现了意大利轻巡洋舰编队,并快速靠近意大利舰队。

8时12分,狭路相逢的两支舰队相互开炮。不过双方不约而同地采用了相同的诱敌策略,普里德姆·威佩尔下令开几炮就转向撤离,以便引诱意军船只进入英舰队的包围圈,而意大利巡洋舰知道本舰队主力战列舰就在附近,并不急于追击交战,也只是佯攻一下就停止了。就这样边打边跑,战斗持续了将近一个小时,但双方都无命中。

8时55分,鉴于意舰快进入英国岸基飞机的作战半径,亚基诺便命令他的轻型编队停止战斗。普里德姆·威佩尔则折身紧紧跟踪撤退的敌舰,以免失去目标。为了防止英国轻型编队遭到敌人的伏击,坎宁安命令"可畏"号对意大利尚未参战的巡洋舰战斗群实施鱼雷攻击。但由于距离太远,在鱼雷机尚未到达目标上空时,战局又发生了巨变。

11时许,意战列舰"维托里奥·维内托"号的15英寸的重炮开始向英巡洋舰"奥赖恩"号开炮。在意舰的夹击下,"奥赖恩"号多处中弹,威佩尔中将急令撤离,同时施放

烟雾作掩护。当"维托里奥·维内托"号战列舰火炮打得正起劲时，"可畏"号上的鱼雷机赶到现场，并对其实施了攻击，阻止了亚基诺的追击，英舰"奥赖恩"号得救。威佩尔中将顿时来了精神，立即下令全舰火炮反击意舰。此时，安杰洛·亚基诺也发现英国的飞机正对他俯冲下来。他马上意识到英国的航空母舰就在附近，于是下令集中炮火对空射击，命

各舰采取机动航行以免被飞机投放的鱼雷击中。英鱼雷机冒着意舰上射出的密集炮火勇敢俯冲，在2000米高度上向意战列舰投下了一枚枚鱼雷，但均未击中目标。在舰机混战中，英舰"奥赖恩"号趁机逃离了战场。坎宁安指挥"可畏"号航空母舰，频繁出动舰载轰炸机和鱼雷攻击机对意大利舰群展开攻击，从11时至17时战斗持续了6个小时。

"维托里奥·维内托"号

15时20分，1枚鱼雷命中了"维托里奥·维内托"号的左螺旋桨，使它暂时停了下来。但经过安杰洛·亚基诺的抢修后，右主机启动，战舰又恢复了航行动力，以19节航速向着塔兰托基地方向逃去。在这同时，英舰队司令坎宁安命令威佩尔率巡洋舰以30节的速度加紧追击意舰，并出动飞机进行攻击。逃跑中的意大利战列舰编队在英舰的连续打击下无处

躲藏，只能一再向德军请求空中支援，但德空军第10航空兵团以"英舰位置不明"为由，按兵不动，导致意大利战舰只好在没有空中掩护的情况下向北逃窜。而英国这时也犯了一个小错误，英舰队对"维托里奥·维内托"号的航速低估了4节，使其截击航向远离了目标。为了补救这一失误，坎宁安下令"可畏"号的鱼雷机再次对敌进行攻击，击中意大利的巡

洋舰"波拉"号，使其失去机动性。亚基诺命令第二舰群的"扎拉"号、"阜姆"号巡洋舰及4艘驱逐舰前去救援"波拉"号，而这正中了坎宁安早前布下的陷阱。当意大利巡洋舰驶离英舰3,000米距离时，3艘英国战列舰24门口径15英寸的舰炮一起开火，击沉"扎拉"号、"阜姆"号巡洋舰。之后，英国战列舰的炮口掉转方向，对准了意大利驱逐舰，击沉2艘，击伤1艘。最后，英国驱逐舰蜂拥而上，密集的炮火将受到重创的意巡洋舰"波拉"号送进了海底，只有意战列舰"维托里奥·维内托"号侥幸逃脱。3月29日黎明，德国的轰炸机终于赶到作战现场，英国舰队却早已不知去向，马塔潘角海战结束。

战争结果及评价

马塔潘角这一战，英国在战术上取得了较大的胜利，英方几乎没有遭受什么损失。意大利损失重巡洋舰3艘，1艘战列舰受重创，3000名官兵阵亡，只有"维托里奥·维内托"号侥幸逃脱。英国只有1艘巡洋舰受到轻伤，损失了1架飞机和1名飞行员。德国空军的飞机姗姗来迟，虽对英国舰队进行了袭击，但对英舰没有造成损失。英国舰队的胜利，极大地提高了地中海舰队和英国国民的士气，并且使得意大利舰队再也不敢贸然驶出港口，肆意干扰英国舰队在希腊和克里特岛附近海域的活动，具有重要的战略意义。

珍珠港海战

珍珠港海战（1941 年 12 月 7 日），是第二次世界大战期间，日军对美国太平洋舰队的海军基地珍珠港进行的一次突袭作战。之后美国对日宣战，太平洋战争由此爆发。

战争背景

1940 年春夏之际，希特勒以"闪击战"横扫西欧，英军退守英伦三岛，日本军国主义者认为这是向南推进，夺取英法荷在东南亚的殖民地，攫取战略资源的大好时机。而且此时中国战场已处于相持阶段，两次入侵苏联的作战行动也一再受挫，日军统帅部深感进行两面作战力不从心。于是 1940 年 9 月 27 日，日本与德、意签订了三国同盟条约，日军统帅部决定利用英法忙于欧洲战事的有利时机，转而采取南攻北守的方针。1941 年 6 月 22 日，德军入侵苏联，苏德战争爆发，这更加解除了日本南

进的后顾之忧。于是，日军开始全力筹划其在东南亚的进攻行动。其中美国是日本占领东南亚的最大威胁。

自从 1941 年起，日本向东南亚的发展直接威胁到了美国在太平洋上的利益和特权。为了给日本一点颜色看看，美国政府采取了一些经济制裁措施，其中重要的是高辛烷石油，没有石油日本的飞机无法升天，舰艇无法在海中行驶，日本就无法继续对外扩张。这样，日美矛盾就日益尖锐起来。美国为了保卫其在亚洲及太平洋地区的既得利益，以珍珠港为主要基地和活动中心，组建了一支上百艘的庞大舰队——太平洋舰队，停泊于珍珠港。

珍珠港是美国太平洋上的主要海

军基地，建于20世纪初，面积22.7平方千米。它位于太平洋中部瓦胡岛南端，东距美国西海岸，西距日本，西南到诸岛群，北到阿拉斯加和白令海峡，距离都在2000海里到3000海里之间，跨越太平洋南来北往的飞机，都以夏威夷为中续站，战略位置相当重要。美国太平洋舰队司令部、第三舰队司令部、太平洋舰队的潜艇部队司令部、后勤部队司令部和舰队陆战部队司令部都设在该基地。太平洋舰队主力也驻守在此。

珍珠港基地

据此日本海军联合舰队司令官山本五十六海军上将认为要想全面攻占东南亚，就必须先摧毁美国在太平洋上的主力，同时夺取太平洋上的制海制空权。也就是说，日军必须先摧毁珍珠港。1941年2月，山本提出了奇袭珍珠港的设想，8月具体制定了代号为"Z"的奇袭珍珠港作战计划，并于11月得到日本大本营的正式批准。这个计划的中心环节是从空中进行奇袭，猛烈攻击美国的太平洋舰队主力。"Z"计划其实就是一场赌博，其成功的可能性只能依赖于两个靠不住的假设：一是在袭击时，美国太平洋舰队正停泊在珍珠港内；二是一支大型的航空母舰队在渡过半个太平洋时而不被发现。不过也正如山本所说，与美国交战本身就没有什么获胜的可能性，如果先发制人给美国以打击，或许还能给敌人造成一些困难和障碍；如果赌输了，那么日本也就没有继续扩张作战的必要。基于此，日本开始投入积极备战中。

战争经过

为了保证奇袭珍珠港的成功，日军司令部派出了一支6艘航空母舰编队，共包括353架飞机、2艘战列舰、3艘巡洋舰、11艘驱逐舰、3艘潜艇、8艘油船和1支预先在夏威夷群岛海域展开的潜艇编队（共27艘潜艇）。具体的作战计划是：先由航空母舰编队隐蔽地完成航渡后，母舰航空兵对珍珠港的美国舰艇、岸上设施和飞机进行密集突击。在航空兵行动的同时，还计划使用由母潜艇送到作战海域的 5 艘超小型潜艇。这种潜艇的任务是在航空兵突击的前夜潜入珍珠港内，用鱼雷攻击战列舰。航空母舰编队中的 2 艘驱逐舰担任佯动突击。另一方面，日军还在军事、外交等各个方面做足了准备。军事上，日军鱼雷轰炸机的飞行员，在南方鹿儿岛海湾上空，模拟珍珠港地形，进行特技表演似的攻击训练；海军情报部门向夏威夷派出了间谍，侦察美太平洋舰队进出珍珠港的情况；加强保密措施，除了参与策划的人员外，包括航母舰长在内，谁也不知道有何作战任务，并实行了严格的信件检查制度；突击舰队保持无线电静默，其他在日本内海的舰船和飞机却频繁进行无线电联络；让海军士官学校的学生穿上正式军服到东京参观，造成日本海军没有任何战争准备的假象，以欺骗国外视线。在外交上，为了进一步迷惑美国，外交部派遣前驻德大使来栖三郎作为"和平特使"赴美，协助野村舍三郎大使与美进行和平会谈。这些措施为日本奇袭珍珠港创造了有利条件，使美国完全处于被动挨打的境地。

在诸多准备基本就绪后，11 月 5 日，山本根据军令部的指示下达了"联合舰队绝密第 1 号作战命令"。命令概括了行动开始后的第一阶段内海军的战略计划，不但包括对珍珠港的袭击，还包括对马来亚、菲律宾、关岛、威克岛、香港和南洋等地同时进行袭击。山本又把所有舰长和飞行队长都集中在他的旗舰"长门"号上，把袭击珍珠港的计划告知了他们。在 24 小时内，山本又发布了第 2 号命令，初步确定袭击时间为 12 月 7 日，星期日，凌晨 3 时 30 分。

11 月 16 日，由海军中将南云忠一指挥的代号为"机动部队"的特混舰队在内海口集中。

根据山本五十六的命令，南云机动部队为了隐匿作战意图，故意错开各舰艇编队的出发日期，于 17 日陆续开始向舰队集结地点——千岛群岛南端择捉岛的单冠湾进发。

山本五十六

11月24日，根据山本五十六的指令，参战舰船全部集结完毕，并做好了出发前的最后准备。11月26日晨，南云特混舰队起锚出港，由3艘潜艇为先导，悄悄地航行在波涛汹涌的北太平洋上，极其诡秘地驶向北纬42°、西经170°的待机海域。整个过程中，南云特混舰队都一直保持着无线电静默，只收不发，沿预定的北航线向东迂回前进，以避开美国的巡逻飞机和商船。航行出人意料地顺利，浓云密布的天气帮这个强大的舰队做了天然的掩饰。

而此时华盛顿的日美谈判还在装模作样地进行。日军还派出大量舰机在日本本土活动，并模拟航空母舰编队，频繁进行无线电联络，以给美国造成"其主力舰队仍在本土活动"的错觉。而珍珠港的美军则疏于防范。虽然在12月7日前夜，2艘日本驱逐舰炮击了中途岛，下水的5艘超小型潜艇也在珍珠港附近开始行动，但是依旧没有引起美军指挥部的警惕，也没有采取任何补充措施来提高珍珠港基地部队和编队的战备等级。美国太平洋舰队除航空母舰出港外，港内的舰艇和机场上的飞机都密集地停靠在一起，成了攻击的游离目标。美国舰艇的对空防御也没有做好抗击日军突击的准备。而且12月7日正值星期日，大部分舰员都离开了战斗岗位，港内一派和平景象，没有一点戒备。

12月7日晨，日本航空部队编队到达珍珠港以北300到500千米处。早上7时，山本命令南云特混舰队开始展开第一波攻击。在不到15分钟的时间内，183架飞机（包括战斗机43架、水平轰炸机49架、鱼雷机40架、俯冲轰炸机51架）全部飞离甲板，在领航机信号灯导引下，迅速编好队形，然后绕舰飞行一周，在渊田美津雄海军中校的率领下扑向珍珠港。7时49分，日军发出突击信号，各飞行突击队立即展开攻击队形，俯冲轰炸机队率先顺山谷进入。7时55分，成批炸弹暴雨般倾泻到美太平洋舰队基地四周的希凯姆机场、惠列尔机场和福特岛机场，将机场上成比翼排列的数百架美机炸成一堆堆废铁，摧毁了机库。仅仅几分钟，日本人彻底敲掉了珍珠港的防空设施，向"赤城"号航空母舰上的南云拍发了袭击成功的信号："虎！虎！虎！"。随后，日本的鱼雷机从几个方向突入，在仅仅掠过水面12米的高度上，向福特岛东西两侧的美国军舰发射鱼雷。8时5分，日本水平轰炸机从正西方向进入，再次轰炸了福特岛东侧停泊的战列舰，同时轰炸了高炮火力集中的依瓦机场。大火和爆炸引起的烟雾，顿时遮蔽了整个珍珠港，不少美国军舰来不及作战斗准备就沉入海底。8时40分，第一波攻击结束，日机顺利完成首次空袭任务后安然返航。

日本在空袭过程中航拍的珍珠港图片

7时15分，日本的第二波攻击开始。担任这次任务的有54架水平轰炸机、78架俯冲轰炸机和35架战斗机。8时46分展开攻击队形，从瓦胡岛东部进入，并开始攻击。俯冲轰炸机主要攻击美国舰船，水平轰炸机则继续攻击各机场，战斗机担任空中掩护。与此同时，潜入珍珠港内的日本袖珍潜艇开始施放水雷，发射鱼雷，攻击美舰，封锁港口。这次攻击持续到9时30分，进一步扩大了美军的损失。10时整，日本飞机全部撤离珍珠港，返回母舰。鉴于日本舰船燃油近乎耗尽，南云下令舰队北撤。而此是美国人几乎还处在目瞪口呆之中。

战争结果及评价

在短短一个多小时的珍珠港战役中，日军击沉、击伤美军各型舰船总计40余艘，其中击沉战列舰4艘、重巡洋舰2艘、轻巡洋舰2艘、驱逐舰2艘和油船1艘；重创战列舰3艘、巡洋舰2艘和驱逐舰2艘；击伤重巡洋舰1艘、轻巡洋舰4艘、驱逐舰1艘和辅助船5艘。击毁飞机265架。美军伤亡惨重，总计2,408人阵亡，2,000余人受伤。而日军只有29架飞机被击毁，70架被击伤，55名飞行员死亡，5艘袖珍潜艇被击毁，1艘袖珍潜艇被俘，战死者不足百人。从战术上看，日军无疑是取得了一场辉煌的胜利。日本联合舰队司令官山本五十六赢得了这场赌博。但是，就其战略意义来看，对珍珠港袭击的结果却远远超出了山本上将的设想。他不仅没有因此遏制住美国的强势兵力，而且还亲手将摇摆不定的美国团结到反法西斯同盟一方，给自身带来了致命的灾难。此外，从军事史的角度来看，对珍珠港的袭击是标志着航空母舰取代战列舰成为海军主力的转折点。

马来海战

马来海战（1941年12月～1942年2月），是第二次世界大战期间，日本海军陆基航空兵在马来半岛关丹附近海域对英国远东舰队进行的海上作战。

战争背景

马来半岛，亦称克拉半岛，是东南亚一狭长半岛。南北长约1,127千米，最宽处322千米。半岛北接大陆，西临印度洋安达曼海和马六甲海峡，南为新加坡海峡，东濒泰国湾、南海，是太平洋和印度洋的分界线。其主要国家新加坡则扼守着太平洋与印度洋之间航运要道马六甲海峡的出入口，是阻挡日军夺取荷属东印度（现印尼）石油的天然屏障，战略位置相当重要，历来都是兵家必争之地。英国自19世纪初期，从荷兰手中夺马六甲以后，就一直延续了在马来半岛的统治。二战开战后，英国已

无余力顾及这块属地，在新加坡的部署已降到了最低的程度。

1941年下半年，德军转向东线进攻苏联，英国本土所受的压力已逐渐减少，同时日本南下太平洋的意图日趋明显。丘吉尔决定派遣"威尔士亲王"号战列舰、"反击"号战列巡洋舰和护航舰只组成新太平洋舰队（Z舰队）奔赴远东。12月4日，Z舰队到达新加坡。这时马来半岛和新加坡陆军部队共有约8.8万，由英国、澳大利亚、印度和马来军组成，帕西瓦尔中将负责指挥陆军。空军有约150架老式飞机，如美国淘汰的F2水牛式战斗机。

而日军方面，早已经对马来半岛虎视眈眈。为保证战争的后备资源供

给，日本迫切需要占领盛产石油的荷属东印度群岛（现印尼）。而要取得荷属东印度，就必须先经过英属的马来半岛。于是日军还是策划对马来半岛的进攻。日军将作战部队兵分两路：一路是在太平洋战争爆发之前已经进占印支南部的近卫师团，从陆上进入泰国，占领曼谷后，沿马来半岛南下；另一路是山下奉文中将率领的第5和第18师团，分批从海上登陆。为了支援登陆行动，日本海军以小泽治三郎海军中将指挥的南遣马来舰队负责掩护，下辖重巡洋舰5艘、轻巡洋舰4艘以及护卫舰只。双方都为即将而来的战斗做好了准备。

战争经过

12月4日，就在英国Z舰队到达新加坡的同时，日本浩浩荡荡的登陆舰队也从海南三亚起航，向马来半岛进发。12月6日日本登陆舰队转向西北，佯装开往曼谷，声称要切断印度与中国之间的运输线。12月7日上午，英军侦察机发现日军舰船，英军判断日军将先在泰国登陆。其实，这支登陆输送队于7日12时已突然转向，分兵数路，驶往哥打巴鲁（马来亚）、北大年（泰国）和宋卡（泰国）。1941年12月8日凌晨1时

45分，入侵舰队的南路5,000多名日军在4艘驱逐舰交叉火力的掩护下在哥打巴鲁登陆。这时4,500海里以外的珍珠港以北，突袭机群正在准备起飞。两个小时后，日本登陆部队击退了哥打巴鲁的守军，控制了日本新帝国的第一个滩头堡，珍珠港的突袭机群也飞临美太平洋舰队上空。随后宋卡和北大年的登陆部队也成功地守住了阵地。并且各地的登陆兵上岸后，迅速抢占附近的机场。8日天明后，日军航空兵对马来半岛尚未被其地面部队占领的机场和新加坡航空基地进行多次空袭，英国的空军已损失殆尽。12月8日下午，菲利普斯中将在没有空中掩护、敌情不明的情况下率领Z舰队冒险出航。12月10日，Z舰队终于难逃厄运，日军第22航空队85架飞机用2个小时干净利落地将"威尔士亲王"号和"反击"号击沉，远东海军主力不复存在了。

就在海上战争如火如荼之时，陆上部队也开始行动。日军由山下奉文将军率领的登陆部队（第5师团、第18师团），从宋卡、北大年等地登陆，而后向马来半岛西南穿插，然后沿西海岸向南推进。牵制分队从哥打巴鲁登陆，而后从马来半岛东海岸南下。两股日军在轻型坦克和空军的支援下隆隆南下，多数日军备有自行

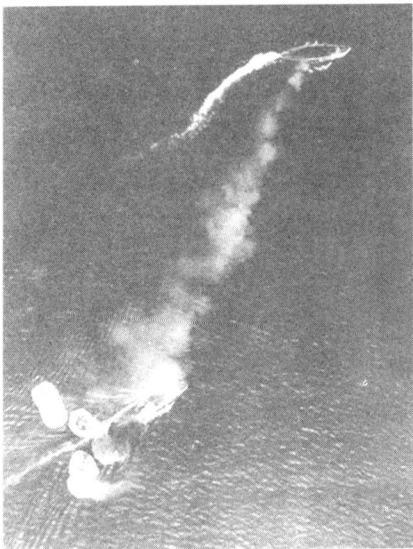

"威尔士亲王"号（上）和"反击"号（下）遭到日本第22岸基航空队的86架飞机攻击的照片，可以看到"反击"号被一颗炸弹命中，而前面的"威尔士亲王"号已中弹，冒出浓烟。

车。12月11日，由英军希思将军指挥的印度第11师首先和日军交火，尽管印度军队在数量有三比一的优势，但部队训练很差，装备处于劣势，"军官与士兵的团结意识又几乎等于零"，所以这样一支军队与日军对抗其结果是可想而知的。12月19日，日军西路部队分队占领了槟榔屿上的英空军基地，消除了英联邦军队从印度、缅甸方向对马来半岛守军进行空中支援的可能性。西路主力沿西海岸急速南下。东路部队于1942年1月6日攻占关丹，然后向柔佛州前

进。西路部队于1942年1月11日攻进马来亚首府吉隆坡，然后继续前进。有人曾这样描写此时的英日军队，"失败的阴影像瘟疫一样在英军中蔓延，而且撤退很快就变得无法控制，越来越多的装备落在日军手中。日本空军可以在英国的机场装上英国的燃料往英国的阵地上投英国的炸弹。日本步兵骑着自行车紧紧追赶撤退的英联军，他们三人一排，又说又笑，好像是去看足球比赛。数以百计的车轮汇成嘈杂一片，溃退的印度军队惊恐万分，以为是坦克在追赶他们。"1942年1月下旬，英军增援部队终于运抵新加坡，其中包括英军第18师和50架飓风战斗机。但是由于马来半岛大部分已失守，陆军部队已来不及运往前线；而由于训练和装备问题，增援而来的英战斗机在与日军的交锋中又一败涂地。1月25日，帕西瓦尔将军下令向新加坡作最后的撤退。2月1日，英军炸毁了连接新加坡与柔佛州的1,000余米长的海峡堤坝，新加坡成为一座真正的岛屿，英军剩余的海军部队都坚守在此。但是新加坡的防御是针对海上进攻的，岸炮只有极少数可以作大角度旋转，所以对付后面的登陆毫无用处。此时新加坡还有英、澳、印联军约8万人，粮食弹药虽较为充足，但士兵士气低落。

马来海战要图

1942 年 2 月 8 日，日军在修整一周后，又一次向新加坡发起攻击。日军先是派出炮兵和航空兵对新加坡岛上的火炮阵地、机场等设施进行了猛烈轰炸。随后，近卫师团在新加坡东北角的开阔地带伴装登陆，使守卫在东北部的英军主力第 18 师不能向其他处调动。2 月 8 日夜，日军主力第 5 和第 18 师团乘冲锋舟在长堤以西灌木和沼泽地登陆，守在这里的是疲惫不堪且疏于防范的澳大利亚军。日军登陆后，着手建立并巩固登陆场，

随后近卫师团也向西转移并在登陆场登陆。日军 3 个精锐师团并肩向南推进。至 2 月 14 日，日军先后占领了提马高地、因保丁水库和加兰机场等要地，并对城区造成三面包围之势，同时加紧空袭。2 月 15 日，在日军登陆一周后，帕西瓦尔签订了无条件投降书，新加坡落入日军之手。

战争结果及评价

在马来海战中，日本人用 3 架飞机和 18 名飞行员的代价击沉了英国"威尔士亲王"号战列舰和"反击"号战列巡洋舰，占领了新加坡。这样日本通向荷属东印度（印度尼西亚）的大门就敞开了一半，下一步日本的目光盯向了麦克阿瑟驻守的吕宋岛菲律宾。而对于英国，丘吉尔这样说道，"英国史上最沉痛的浩劫，规模最大的投降，就在新加坡。"从军事理论上来看，这次英国战列舰在公海航渡中被日本飞机击沉，在海战史上还是第一次。它宣布了战列舰和大炮控制海洋时代的结束；它表明，没有空中保护的水面舰队已经过时了。

爪哇海海战

爪哇海海战，是 1942 年 2 月日本舰队与美、英、荷、澳四国海军组成的盟军舰队在爪哇海进行的一场激战。这场海战前前后后共经历了巴厘巴板海战、爪哇海海战、邦加岛海战、巴厘岛海战、泗水海战五次战役。结果，以一敌多的日军舰队击溃了盟军舰队。

战争背景

自从太平洋战争爆发后，日军在太平战场上势如破竹，陆续攻占了太平洋上的许多战略据点和东南亚国家。1942 年 1 月，日本进一步向南扩张入侵，意欲从东、北、西三面向荷属东印度发起进攻。因为荷属东印度是控制亚澳两大陆和太平洋、印度洋海上交通的咽喉要道，又盛产石油、橡胶、锡、煤等战略物资，久为日本军阀垂涎，是日军南下的主要战略目标。而一直以来被动挨打的美国太平洋舰队和英国远东舰队决定联合澳大利亚、荷兰等国予以反击。为此，盟军集结了各方力量，有美国的亚洲舰队（1 艘重巡洋舰、2 艘轻巡洋舰、13 艘驱逐舰和 25 艘潜艇）、英国的远东舰队（1 艘重巡洋舰）、澳大利亚舰队（3 艘轻巡洋舰和 7 艘驱逐舰）以及荷兰舰队（3 艘轻巡洋舰、7 艘驱逐舰、16 艘潜艇）。此外，美国海军的轰炸机大队、荷兰战斗机小队担任空中掩护。1942 年 1 月 10 日，英国的韦维尔出任盟军最高指挥官，美国的哈特上将担任 4 国联合海军司令部指挥官，荷兰的杜尔曼少将出任盟军海军攻击部司令官。盟军一切准备就绪，静心等待日军的到来。

战争经过

1942 年 1 月 20 日，盟军潜艇在望加锡海面巡逻，发现一支日本舰船队正经由婆罗洲与西里伯斯岛的望加锡海峡全速南下，其中运输舰、货船共 22 艘，由巡洋舰和驱逐舰队护航，意在对油港巴厘巴板发起攻击。在接到这个消息后，盟军飞机立即奉命沿婆罗洲海岸巡航，准备空袭日本船队。虽报"其战果倾为不小"，然而庞大的日本船队锋芒未折，仍继续进逼。哈特上将见状不妙，急令塔尔波特将军率舰队出击，1 月 23 日，夜幕笼罩着望加锡海峡，塔尔波特率领新式装甲巡洋舰"波伊斯"号、"马波亥德"号以及驱逐舰"福德"号、"鹦鹉"号、"教皇"号和"保罗詹斯"号劈波北上。不幸，"波伊斯"号在航行中触礁，险些沉没，不得已含恨出列。后来"马波亥德"号涡轮机此时又发生严重故障。歼敌心切的塔尔波特审时度势，毅然率 4 艘驱逐舰继续前进。

24 日凌晨 3 时，盟舰瞭望员史密斯报告：前方正是巴厘巴板。盟舰闻讯，加倍警觉起来。凌晨 3 点，盟军发现由 1 艘巡逻艇和 12 艘运输船组成的日本护航船队正破浪而来。塔尔波特立刻下令攻击，4 艘驱逐舰开足马力，径直向日本护航舰队扑去。面对盟舰兵临城下，日舰却毫无察觉。盟军驱逐舰在距日舰几百米时，迅速发射了鱼雷。瞬间，一艘日船当即中雷，浓烟烈火腾空而起。突然遭到攻击的日舰船顿时晕头转向，目瞪口呆，无所适从。只见强烈的探照灯光柱刺向夜空，炮弹频频在空中炸响——原来，日本人以为遭到了空中夜袭，那些动作快的日舰已经向空中发射了流星弹。而塔尔波特率"福德"号一马当先，其他 3 舰紧紧跟随，4 舰纵横驰骋，如入无人之境，往来冲杀了 4 次，将 48 枚鱼雷全部发射完毕。之后塔尔波特下令退出战场，南返泗水港。此次夜袭，共击沉日军运输船 4 艘，击伤多艘，日军死官兵约 1，000 人。这时爪哇海海战的第一阶段，被称为巴厘巴板海战（又名望加锡海战），是美国人自珍珠港事件以来，发动的第一次洋面攻击战。美太平洋舰队司令尼米兹评价它是整个荷属东印度群岛作战期间，盟军部队夜袭作战所取得的唯一成功的一次海上作战。

但是，巴厘巴板海战毕竟是一场小规模的海上突袭战，此战并未能阻止日军南下的步伐，局势仍然十分严重。2 月 3 日，盟军派遣杜尔曼海军

巴厘巴板海战中的战舰

少将率领 5 艘巡洋舰、7 艘驱逐舰再度向巴厘巴板实施突袭。2 月 4 日清晨，高速北上的杜尔曼舰队被日本侦察机发现了，于是 54 架日机立即从婆罗洲和西里伯斯的机场起飞，扑向盟军舰队。将近中午，日机每 9 架结成一队，首先向目标显著的巡洋舰"休斯敦"号和"马波亥德"号冲来，盟军舰队无战斗机掩护，处境十分险恶，被迫一边分散闪避，一边对空射击。中午时分，一枚炸弹命中"休斯敦"号，将其后炮塔炸成一堆废铁，50 余名舰员当场毙命，舰面燃起了熊熊大火。13 时，狼狈不堪的"马波亥德"号也命中一弹，驾驶装置被炸坏，死伤累累。这时杜尔曼见战况不利，急令撤退。2 艘受伤的巡洋舰在驱逐舰掩护下，穿过海峡驶往芒拉扎港。此次空袭战，日本人称之为"爪哇海海战"。

经此一战，日军得以派大量的舰

只开至西里帕斯群岛的望加锡港，虎视眈眈地望着爪哇海。加之日方拥有陆基飞机掩护，从而掌握了爪哇海的制空权，盟军舰队处境不妙。不久，爪哇战区西线又传来日军登陆部队进击苏门答腊岛的消息。杜尔曼立即率领 5 艘巡洋舰和 10 艘驱逐舰西征增援巨港。不料途中被日机发现。15 日上午 10 时，小泽中将下令空袭盟军舰队。海空激战于午后不久展开，经过 3 小时鏖战，盟军巡洋舰"厄克塞特"号中弹起火，杜尔曼不敢恋战，连忙率舰返航巴达维亚，不幸中途又遭轰炸。此战被称为邦加岛海战，盟军虽未遭受重大损失，但由于屡遭轰炸，增援失利，元气大伤，陷入困境。

正当杜尔曼舰队返回基地之时，爪哇战区东线又报告说，日军正在巴厘岛登陆。巴厘岛与爪哇岛近在咫尺，一旦失守，威胁极大。新任盟军海军司令赫尔弗里克中将决定分三个攻击波向登陆巴厘岛的日本舰船进行突袭。19 日黄昏，杜尔曼率舰队从芒拉扎出发，实施首次攻击。但当杜尔曼舰队开足马力驶入龙目海峡时，不幸被日舰发现。日军对其发起猛烈攻击，"爪哇"号首先被击中，舰面火焰冲腾。"皮特汉"号遭到 2 艘日本巡洋舰的炮击，瞬间遍身大火，很快就沉没了。虽然盟舰发射的鱼雷也击中了 1 艘日本运输船，但日舰此时已完全警觉，铁壁似地挡住了杜尔曼舰队的航路。深夜 11 时，杜尔曼被迫撤离作战海域，第一攻击波遂告失利。20 日凌晨，宾福海军中校率领 4 艘驱逐舰作为第二攻击波从泗水起航开到巴厘海面。1 时 34 分，盟舰发起攻势，巴厘海战又掀高潮。激战中，3 艘日舰被盟舰击伤，但盟舰损失也不小，旗舰"司徒华"号的舵舱吃了 1 枚炸弹，"鹦鹉"号舵机发生故障，"特隆普"号也被击中 1 弹。面对占优势的日舰队，宾福中校只好下令撤退。凌晨 2 时，6 艘荷兰鱼雷快艇由南面开来，充当第三攻击波，结果仍一无所获。盟军的三个攻击波一一被日舰击破，这对盟军来说得不偿失。巴厘岛海战的失利使爪哇进一步陷入孤立，危局日益加深。

巴厘岛失守

1942 年 2 月 22 日，日军第 48 师团搭乘 41 艘船只，在第 4 水雷战队护航下，摆成前后达 30 千米的长蛇阵，沿爪哇海面南下。至此，关系到整个爪哇岛的前途和命运，决定盟军能否继续在南洋群岛一带存身立命的泗水海战，处在一触即发之中。盟海军司令部截获这一情报后，立即命令杜尔曼率舰队迎敌，但两次出击均未捕捉到日舰队踪影。27 日下午 2 时 30 分，杜尔曼第三次奉命率领 5 艘巡洋舰、10 艘驱逐舰前往迎击。3 时 30 分，杜尔曼获悉庞大的日本运输船团和护航舰队的确切位置在马威安岛西北 60 海里处，立即下令舰队全速前进，搜索和攻击日舰。而日舰官兵在确信盟军舰队正向他们杀来时，急令运输船团迅速北撤。下午 5 时 46 分，盟军舰队在日舰炮射程之外首先开炮，数十发炮弹落在日本船团左前方，激起了高大的水柱。盟军舰队从日舰船左后方赶上来，双方舰只在 25,000 米远的距离上展开炮战。最初，盟舰以其准确的炮火，纷纷击中目标，日舰上冒出一股股黑烟。但是，日舰在 3 架弹着观察机的引导下，命中率也相当高，致使多艘盟舰中弹。炮战中，日军实行了新的战术，即秘密实施远距离鱼雷偷袭，尔后乘敌方混乱之际，迫近猛攻，一举歼灭。于是，日本第 2 水雷战队冒着呼啸的炮弹向 9,000

米位置上突进。下午 6 时 5 分，日舰向盟舰秘密发射了 43 枚鱼雷，可是因距离过远，全部落空。随后，日本将 8 艘驱逐舰排一列，实施肉搏式强袭。杜尔曼则指挥盟舰勇猛还击。交战近 1 个小时，双方胜负难分。晚 6 时 48 分，盟舰"厄克塞特"号的锅炉被击中一弹，受伤很重。日舰"神通"号被炮火命中，"朝云"号、"峰云"号被重创。

晚 6 时 59 分，杜尔曼重整队形，率舰队转向东南退却，日舰为了保证登陆兵力的安全，等待夜战，遂向北退避，双方在炮击中逐渐拉大了距离。而此刻杜尔曼认为，首要任务是立即捕捉那群对战局至关重要的运输船团。于是，率舰不断转换航向，搜索海面。但意想不到的是，晚 10 时 30 分，盟军舰只驶入己方布设的雷区，"周比特"号触雷爆炸沉没。28 日 0 时 40 分，盟舰发现日舰"那智"号、"羽黑"号正向南航行，几分钟后，忽又掉头北驶，并向盟舰发射了 12 枚鱼雷。盟军巡洋舰"鲁特"号及"爪哇"号被命中而沉没了。杜尔曼与旗舰"鲁特"号上的 366 名官兵一同葬身海底。日舰本想趁盟舰陷入混乱之机展开围歼，但后来由于天气状况而放弃。盟军趁机逃匿。泗水一战，盟军沉巡洋舰 2 艘、伤 1 艘，沉

驱逐舰 3 艘；日方损失运输船 9 艘，伤巡洋舰、驱逐舰多艘。战后，盟军赖以保卫爪哇岛的海上力量渐趋崩溃，盟军大势已去，败局已定。

2 月 28 日凌晨，从泗水逃脱的盟舰"休斯敦"号、"伯斯"号、"厄佛仙"号，抵达丹戎不碌海军基地。这时，盟军接到日军企图在巴达维亚地区登陆的情报，于是再一次进入了临战状态。28 日午夜，正当登陆的日本第 16 军主力（搭乘运输船 56 艘，由第 7 战队和第 5 水雷战队掩护）开始换乘时，盟军巡洋舰"休斯敦"号、"伯斯"号率领"厄弗仙"号等几艘驱逐舰和高速鱼雷艇突然冲出。遭此突然袭击的日本运输船团措手不及，秩序大乱，指挥船遭到误击，很快沉没。这时，盟军飞机凌空投放照明弹，使日舰船行迹暴露在盟军视野之下。在此危急时刻，山下镇雄中佐机智地与附近的第 7 战队及第 5 水雷战队联络，致使日舰势力陡然大增。3 月 1 日 0 时 10 分，盟舰"休斯敦"号被 203 毫米炮弹击中，接着又中一雷，不久便倾覆了。"伯斯"号连续被击中 10 条鱼雷，与驱逐舰"厄佛仙"号先后沉没。日军方面，共被击沉 1 艘扫雷艇和 1 艘运输船，击伤 6 艘运输船。此次攻击之后，爪哇岛上的盟军完全处于束手待毙的境

地。于是美英荷澳联合海军司令部下令，凡剩余船只火速经龙目海峡、巽他海峡向澳大利亚方面突围。然而为时已晚，南云舰队、近藤舰队和南方部队本队已奉命向爪哇以南海面出击。3月1日至4日，日舰队共击沉企图逃往澳大利亚的盟军轻巡洋舰2艘、驱逐舰3艘、普通舰船13艘。仅有4艘驱逐舰侥幸逃出爪哇海。至此，庞大的盟军舰队被彻底消灭，爪哇海海战结束。

战争结果及评价

在爪哇海海战中，日军共毙伤俘同盟国军队30万，击沉击伤盟军舰只40余艘；而日军仅伤2.5万人，亡1.5万人，沉驱逐舰4艘（小舰及运输船不计），伤巡洋舰2艘，日军取得了绝对的胜利。这就为日军南下占领爪哇岛，进而侵占更大片的土地打开了大门。1942年3月5日，巴达维亚失陷。8日，日军攻占泗水。9日，占领万隆。3月12日，荷印总督正式向日军投降。至3月15日，日军占领了整个荷属东印度。1942年5月初，日本侵略者完成了对东南亚地区和西南太平洋海域的完全控制，成功地建立起"外围防御圈"。

珊瑚岛海战

珊瑚岛海战（1942年5月3日～8日），是第二次世界大战期间美国和日本海军的航空母舰用舰载飞机在澳大利亚东北部的珊瑚海展开的海空厮杀。这是世界海战史上第一次航空母舰大战，以日军坚守战场，美军撤出战斗而告终。

战争背景

从太平洋战争爆发到1942年4月，日军仅用4个月的时间就初步实现了"大东亚共荣圈"的侵略计划，将印度支那半岛、菲律宾和荷属东印度（即现在的印度尼西亚）等数百万平方千米的土地收入囊中，中途岛以西中部太平洋数以千计的岛屿和大约3000万平方海里的广大海域，也成了日本的"内陆"和"领海"。这时被胜利冲昏头脑的日本一心只想扩大侵略，立即着手策划在西大西洋上的军事行动。而要想继续南进，日军

必须首先攻占新几内亚东南岸的美国重要基地莫尔兹比港和所罗门群岛南端澳大利亚基地图拉吉这两个关键点。进占莫尔兹比港，能够保护拉包尔以及新几内亚的己方军事要地，又可使澳大利亚北部的对方航空基地不能发挥作用，为日军进攻新喀里多尼亚、斐济群岛及萨摩亚群岛的翼侧提供了保障；夺取图拉吉港，便可切断所罗门群岛南部的瓜达尔卡纳尔水道，在此地建起水上飞机基地，既可掩护莫尔兹比作战的翼侧，又可为尔后向东南方向前进提供支援。出于这种考虑，日本军令部作出了深入所罗门群岛，夺取图拉吉，攻占莫尔兹比

港，以便孤立澳大利亚的作战计划。在经历一番调兵遣将，积极备战后，日军的两支作战部队分别于4月30日和5月1日从特鲁克出发，开赴珊瑚海。

"约克城"号

面对日军的嚣张气焰，美国太平洋舰队司令尼米兹海军上将决定予以反击，以阻止日军的进一步侵略，控制夏威夷岛到中途岛一线，维护美国西海岸的交通线，从而扭转太平洋战场的形势。因此，在截获日军西太平洋的作战计划后，尼米兹上将命令菲奇海军少将率领以"列克星敦"号航空母舰为中心的特混编队，赶赴珊瑚海区，与那里的以"约克城"号航空母舰为中心的特混编队会合。5月1日，两支特混舰队会合，但没有立即合编。菲奇奉弗莱彻之命前去接应"提皮卡努"号油船和为油船护航的"芝加哥"号巡洋舰及1艘驱逐舰，并进行加油。5月2日，"约克城"号的特混舰队由"尼奥肖"号油船加油后，满副戎装，驶往珊瑚海。如今

日美双方强大的航空母舰部队都在向珊瑚海附近集结，并不断派出侦察机搜索附近海域，一场航空母舰大战一触即发。

日军方面，为了保证作战的胜利，联合舰队司令长官山本海军大将给执行这一任务的第四舰队加派了第一航空舰队的第五航空母舰战队（"翔鹤"号和"瑞鹤"号）以及联合舰队的轻型航空母舰"祥凤"号，另外还有第五巡洋舰战队以及若干艘驱逐舰，由第四舰队司令井上成美海军中将统一指挥。美军方面，能够立即参战的部队只有临时去南太平洋作战的"约克城"号航空母舰编队（由弗莱彻将军指挥）和刚从珍珠港返回前线的"列克星敦"号航空母舰编队（由海军少将奥布里·菲奇指挥）。另外，美国的"芝加哥"号重巡洋舰从新喀里多尼亚的努美阿赶来，英国海军少将J·C·克雷斯率领的"澳大利亚"号和"霍巴特"号2艘重巡洋舰也从澳大利亚赶来参战。相形之下，美军的兵力略差一点。但是美军的手上却握有日军的一张王牌，即从日本"伊－124"号潜艇上搏到的日军密码本，使得尼米兹在4月17日以前就进一步证实并弄清了日军下一步作战的企图，并准确掌握了即将南下的2支日本机动部队的兵力编成、

行动计划以及登陆部队从拉包尔出发的日期，在对敌方消息的探查方面略胜一筹。在战争武器的性能方面，"列克星敦"号和"约克城"号在轰炸机方面较强，而"瑞鹤"号和"翔鹤"号在战斗机和鱼雷机方面占优势。另外，美方军舰装有雷达，这可与具有丰富实战经验的日本飞行员和在当时远比美方格鲁曼战斗机优越的日本零式战斗机的长处相互抵消。最后，战场上的气象条件对日军比较有利。美军所处的海域能见度良好，军舰行驶时留下醒目的航迹，而日军在风雨交加的海域活动，云笼雾罩，难被发现。至于在实战中到底谁能克敌制胜，且看实战经过。

日本"翔鹤"号航空母舰上的机群

战争经过

5月3日，日本海军陆战队顺利攻占了所罗门群岛南部的图拉吉岛。美军总指挥弗莱彻得知消息后，便留下"列克星敦"号航空母舰编队补充燃料，他亲自率领"约克城"号航空母舰编队北上。4日凌晨，40架美国舰载飞机从"约克城"上起飞，对图拉吉港进行了2次空袭，击沉日军1艘驱逐舰和3艘登陆船，尔后返航南下。5月5日返回加油地点，与"列克星敦"号编队会合，合编成第十七特混舰队，继续向西北方向航行，企图尽快发现日军航母并予以攻击。而日军在得知美国突袭图拉吉港后，立即派日军航空母舰"瑞鹤"号和"翔鹤"号组成的机动部队在警戒舰船的护航下，绕过所罗门群岛东南端进入珊瑚海，寻找美国航空母舰。然而5月6日这一天，由于恶劣的气象条件，珊瑚海海面上能见度很差，日美的搜索舰队都没能发现对方。

5月7日拂晓，日军侦察机发现了一支包括1艘航空母舰在内的美军特混舰队，其司令官高木中将立即命令由78架轰炸机、鱼雷机和战斗机组成的日军机群组成的"瑞鹤"号和"翔鹤"号的攻击部队起飞，直扑向美国舰队。上午11时，日军机群抵达目标上方，才发现这支"特混舰队"实际上只是6日晚离开弗莱彻本队的"尼奥肖"号油船和为其护航的"西姆斯"号驱逐舰。日本人对这2艘舰船进行了猛烈攻击。短短几分钟后，"西姆斯"号在日军36架轰炸机的连续攻击下，连中3颗重磅炸弹，迅即沉没；而"尼奥肖"号油船也连中7颗炸弹和几条鱼雷，引起大火，完全丧失了航行能力。此后，"尼奥肖"号油船在海上漂了4天，直到5月11日，美国"亨利"号驱逐舰到达救援地点，救起了这艘破船上的109名舰员和"西姆斯"号的14名幸存人员，随后用鱼雷将油船击沉。然而，日军必将为此次的错误情报付出沉重的代价，它使日军丧失了首先打击敌方特混舰队的宝贵时机，而差不多与此同时，美国舰队在同样收到错误情报的情况下，却幸运地获取了相比日军更大的战果。5月7日8时左右，美国的一架侦察机发回报告，"在米西马岛以北不远的海面发现航空母舰2艘和重巡洋舰4艘"。弗莱彻立刻命令"列克星敦"号和"约克城"号突击机群前往攻击，却发现只有巡洋舰2艘和驱逐舰2艘。不过，弗莱彻据此推断日军主力部队一定在此附近，便断然决定实施攻击。果然，上午10时20分，在突击机群前去攻击的目标东南35海里处，发现一艘日军航空母舰及数艘其他舰只。11时许，突击机群修正航向，开始攻击轻型航空母舰"祥凤"号，结果7条鱼雷和13颗航空炸弹命中目标，"祥凤"号于11时35分沉入海底。

"祥凤"号被击中

然而，日军对于之前错误袭击导致的不利境况，并不甘心。5月7日16时30分，高木中将派出一支由12架轰炸机和15架鱼雷机组成的突击机群，飞往估计的美国舰队所在地点。但是，由于珊瑚海乌云密布，风雨大作，日军突击机群没能搜索到美舰，反而被美军的战斗巡逻机撞到，在混战中被美机击落8架鱼雷机和1架俯冲轰炸机。余下的日军战机继续返航。途中日机误把"列克星敦"号当成了日本航空母舰，并不断发出识别信号，准备降落。由于日机没有遵守降落规则，打开了航行灯，被美军看出了破绽。美军驱逐舰立即用猛烈的炮火对空射击，日机方才大悟，匆匆逃命。这次出击的日机中，10架被击落，11架着舰时堕入大海，只有6架安全返航。

在日机返航途中，"列克星敦"号的雷达对其进行跟踪，发现它们在美国特混舰队东面只有30海里的地

方从雷达荧光屏上消失，显然日本航空母舰就在此处；而同样返航的日机也明确了美国航空母舰的大概位置。天亮后，一场恶战不可避免。

5月8日拂晓，日美2支舰队都派出侦察机对周围海域仔细搜索，以期早一步查明对方位置，获得取胜的先机，不过天不遂愿，双方侦察机几乎是在同时发现了对方。上午9时30分，81架鱼雷机、轰炸机和战斗机从美国"约克城"号、"列克星敦"号上起飞，分成5个编队，各机队之间保持5到10分钟的间隔，扑向日军的突击部队。日军舰队几乎同时派出80架战机组成的攻击机群，杀向美国舰队。10时32分，美国轰炸机群发现了日本航空母舰，但由于密云和暴雨的掩护，日"瑞鹤"号航空母舰逃离了美军视线，"翔鹤"号成为美机的唯一攻击目标。美军的鱼雷机和轰炸机开始协同对"瑞鹤"号发起攻击，导致它中弹3颗，失去作战能力，高木则令其返回特鲁克。几乎在美军飞机起飞的同时，日军也有70架攻击机和20架战斗机飞抵美国舰队上空。但是当时美国舰队上空只有8架战斗机得以拦截敌机，"约克城"号和"列克星敦"号只能转向。11时13分，日军攻击群中的鱼雷机由低空进入，从两舷夹击"列克星敦"

号，击中2次左舷，导致3个锅炉舱进水。后又被轰炸机击中2颗炸弹，火炮被炸哑，烟囱被炸毁。不过该舰在调整重修后，又恢复了平衡，其航速仍可达24节，航行正常。"约克城"号仅被击中1颗炸弹，舰内起火，受到相当破坏，但其航行能力和航空作战能力并没有受到多大削弱。11时30分，日机攻击结束。就在美军原以为自己已经赢得了这次战斗的胜利，准备回收返航飞机时，"列克星敦"号航空母舰在加油的过程中，从破裂的油管中溢出的汽油被发动机火花引燃，发生了大爆炸。起初，看来不会造成多大危险，"列克星敦"号继续收容飞机。但到14时45分，发生了更严重的爆炸，火势迅速蔓延而无法控制。舰长只得下令弃舰，全体舰员离舰，并派驱逐舰前去把"列克星敦"号击沉。19时56分，"列克星敦"号消失在波涛之中。这时，战场形势对日军有利。但是，日军总指挥井上成美中将认为日本方面保存下来的航空兵力不足以掩护登陆部队不受敌岸基飞机的攻击，于8日17点左右，命令高木部队停止战斗并撤退。接着又下令推迟莫尔兹比港的登陆作战，命令临时北撤待机的输送船团返回拉包尔。然而，日联合舰队山本司令长官对未能扩大战果很不满意，立即下令继续寻歼残敌。于是，高木随即率部再度向南、向东搜索前进，以便重新与敌接触。但是，这时弗莱彻的编队远远离去，日军已经追赶不上了。

"列克星敦"号沉入大海

战争结果及评价

珊瑚岛海战结束了，日军损失了航空母舰 1 艘，战机 77 架，伤亡 1,047 人；美方损失航空母舰 1 艘，驱逐舰 1 艘，油船 1 艘，战机 66 架，伤亡 543 人，另有 1 艘航空母舰被击伤。但是，以沉没 30,000 吨航空母舰"列克星敦"号与沉没 12,000 吨

轻型航空母舰"祥凤"号相比，美军的损失大大超过了日军；日军在图拉吉被击沉驱逐舰及小型舰艇的损失，不比美军被击沉"尼奥肖"号油船及"西姆斯"号驱逐舰的损失大。因此，从战术上看，日军略胜一筹。从战略上看，则是美国赢得了胜利。一方面，这次海战推翻了日本联合舰队已经确定下来的作战时间表，迫使其不得不放弃从海上占领莫尔兹比港的企图；另一方面，日本被击伤的"翔鹤"号航空母舰需要修理，损伤惨重的"瑞鹤"号航空队需要重建，因而这两艘航空母舰均不能参加之后的中途岛海战。第五航空母舰战队意外地不能参加中途岛作战部队，对中途岛海战无疑具有深远影响。珊瑚海海战，是双方航空母舰舰队在双方视距之外的相互袭击作战，开启了航空母舰与航空母舰直接在海上"决斗"的崭新的作战样式，是航空技术与兵器发展的必然结果，在世界海战史上具有重要意义。

中途岛海战

中途岛海战（1942年6月3日至6日），是第二次世界大战期间日本舰队为攻占中途岛和阿留申群岛西部诸岛而对美国发起的一次大海战。美国以少胜多，成功击退了日本海军对中途岛环礁的攻击，争得了太平洋战区的主动权，成为二战太平洋战区的转折点。

战争背景

日本自12月7日偷袭珍珠港开始，发动了太平洋战争，以后在3个多月的时间里，便占领了东自威克岛、马绍尔群岛，西至马来半岛、安达曼和尼科巴各岛，南至俾斯麦群岛地区，几乎完全控制了整个太平洋。就在日本军队欢庆胜利之际，日本海军联合舰队司令山本五十六大将却冷静地意识到，既然已经唤醒了美国的战争欲，就必须在其全力反击之前彻底摧毁，否则后果不堪设想。因此，山本竭力赞成联合舰队参谋长宇垣少将提出的进攻中途岛的计划，认为若能占领该岛，则既可将该岛作为日机空中巡逻的前进基地，威逼夏威夷，又可诱出美舰队，在决战中予以歼灭。而美国方面，珍珠港事件后，罗斯福总统决定由切斯特·尼米兹接替金梅尔出任美太平洋舰队的司令，并命令他到珍珠港去收拾败局直至战争胜利才可返回。受命于危难之际的尼米兹到任后，很快组织了只有4艘航空母舰及其护航舰的舰队。这支舰队袭击了在中太平洋岛屿上的日军，紧接着实施了一项令人震惊的作战计划——轰炸东京。

"大黄蜂"号

1942 年 4 月 18 日，从"大黄蜂"号航空母舰上起飞的 16 架 B25 式轰炸机飞临东京上空，投下炸弹和燃烧弹后顺风直飞中国。这次空袭震动了日本朝野，也刺激了山本，使他更加坚定了要进攻中途岛的决心。4 月 28 日，山本在"大和"号巨型战列舰上召开海军高级将领会议，确定了进攻中途岛的具体作战计划：先派遣一支舰队进攻阿留申群岛，在该群岛的阿图岛、基斯卡岛登陆，以此为诱饵，将美军舰队的注意力引到北面去，然后以主力舰队趁机夺占中途岛。作战日期初步定在 6 月初。

战争经过

5 月 5 日，日本大本营下令攻占中途岛和阿留申群岛西部岛屿。日本联合舰队为实施这次战役，日军统帅部动用了海军基本兵力，编成 6 个战役编队，由山本五十六海军大将统一指挥。海军中将南云忠一指挥的航空母舰突击编队和近藤信竹海军中将指挥的登陆编队担任主攻。海军中将细萱戌子郎指挥的北方编队则负责夺取阿图岛和斯基卡岛。26 日到 29 日，各编队先后由本土起航，预定于 6 月 4 日对中途岛发起进攻。为了避免美国舰队的突然出现，日军潜艇事先在中途岛和阿留申群岛附近海域游弋。日军统战部认为出其不意、攻其不备具有重大意义，所以十分重视战役伪装，但过高估计自己无线电通信的隐蔽程度。5 月中旬，美军掌握了日军密码，查明日军意图，并采取了必要对策。美太平洋战区总司令尼米兹海军上将调集航空母舰 3 艘（舰载机 230 多架）及其他作战舰艇 40 多艘，组成第 16 特混舰队（斯普鲁恩斯少将指挥）和第 17 特混舰队（弗莱彻少将指挥），在中途岛东北海域展开，隐蔽待机。同时，19 艘潜艇部署在中途岛附近海域，监视日本舰队行动，并部署了半径为 700 海里的远距离航空兵侦察。该岛本身也加强了防务，海岸和附近水域也已布雷，高射炮兵和野战炮兵均有加强。

日军企图在阿留申群岛方向提前一昼夜开始行动，借以迷惑和吸引主

中途岛海战中的美国战机

要突击方向的美军。6月3日，日本海军中将细萱戊子郎率领北方编队对阿留申群岛附近的荷兰港海军基地发起突击，战役由此开始。6月4日，日军再次突击，使岸防设施遭到严重破坏。6月6日和7日，日军分别在基斯卡、阿图岛登陆，在没有遇到任何抵抗的情况下占领两岛。但之后，日军的运气不再，连连失利于中途岛。6月3日，美机在该岛以西600海里处发现了日军登陆编队。美军航空兵对敌进行首次突击，却未能奏效。4日凌晨，海军中将南云忠一率领第1机动编队（包括航空母舰4艘、舰载机260多架、其他作战舰艇17艘）进至中途岛西北240海里海域，4时30分派出第1波飞机108架飞往中途岛。岛上美军发出警报，飞机升空迎敌，展开激战。日军轰炸机袭击机场，炸毁部分地面设施。由于岛上防御加强，机场跑道未被摧毁。日机未完成歼灭美军航空兵的主要任

务。在此期间，南云的机动编队多次受到美国岸基飞机的侦查、袭扰和攻击。南云遂决定再次攻击中途岛。7时15分，美国岸基鱼雷机结束攻击，南云却下令已挂上鱼雷准备攻击美舰的第2波飞机改装炸弹攻击中途岛。7时28分，日本侦察机报告发现美国舰队。此时，在中途岛东北海域待机的美特混舰队正向日机动编队接近，并已派出第1、第2波飞机200多架。8时20分，日侦察机报告美国舰队似有1艘航空母舰。南云于是命令攻击中途岛的第1波飞机和担任空中战斗巡逻任务的战斗机返航，随后率舰队向北行驶，以免遭到袭击，并重新部署对美国舰队的攻击。约9时20分到10时26分，正当日军第2波飞机卸下炸弹重挂鱼雷的混乱之际，美舰载鱼雷机和俯冲轰炸机连续攻击南云的航空母舰。日方虽有部分战斗机升空作战，但为时已晚。山本损失所有重型航空母舰后，于6月5日被迫取消中途岛登陆，召回阿留申群岛北方编队并令舰队所有舰艇撤回基地。美军乘势追击，于6日派舰载机3次出击，又击沉日军重巡洋舰"三隈"号，击伤巡洋舰、驱逐舰数艘。中途岛海战最终以日本舰队的惨败而告终。

日本"三隈"号重巡洋舰被美军击中起火

战争结果及评价

在中途岛海战中，美军只损失一艘航空母舰、1 艘驱逐舰和 147 架飞机，阵亡 307 人；而日本却损失了 4 艘大型航空母舰、1 艘巡洋舰、330 架飞机，还有几百名经验丰富的飞行员和 3700 名舰员。日本海军从此走向了失败。为了掩饰自己的惨败，避免挫伤部队的士气，6 月 10 日日本电台播放了响亮的海军曲，并宣称日本已"成为太平洋上的最强国"。当惨败的舰队疲惫不堪地回到驻地时，东京竟举行灯笼游行以庆祝胜利。美国海军首脑事后评价道："中途岛战斗是日本海军 350 年以来的第一次决定性的败仗。它结束了日本的长期攻势，恢复了太平洋海军力量的均势"。同时，此战还给日军高层造成了难以愈合的创伤，这一痛苦的回忆直到二战结束一直挥之不去，使他们再也无法对战局做出清晰的判断。

美国著名海军历史学家塞缪尔·E. 莫里森把美国海军在中途岛海战中的胜利称之为"情报的胜利"。美国海军提前发觉日本海军的计划，是日本海军失利的最主要的原因。但许多军事家认为：日本海军坚持以战列舰作为海战决战的决定性力量，把航空母舰当做辅助性力量使用，忽略了航空兵力的作用是导致失败的最终结果。

大战后的中途岛

日本海军计划最明显的失误是分散部署兵力，联合舰队各部队在相隔很远的距离上单独作战，而美国海军最大限度的集中部署兵力。联合舰队的优势被削弱了。日军计划另一个失误是，进攻中途岛本来是诱使敌舰队决战，可却给航空母舰套上支持占领中途岛的任务，并一相情愿地认为在中途岛受到攻击以前，敌舰队不会离开其基地。日军侦察搜索计划同样不

利。最后导致南云遇到进退维谷的难题和来回换装鱼雷、炸弹的尴尬局面。

中途岛海战改变了太平洋地区日美航空母舰实力对比。日军仅剩大型航空母舰 2 艘、轻型航空母舰 4 艘。从此，日本在太平洋战场开始丧失战略主动权，战局出现有利于盟军的转折。此次海战的特点是双方海上战斗编队在舰炮射程之外，以舰载航空兵实施突击。日军失败的原因是过高估计己方航空母舰的战斗力，同时在两个战役方向作战，兵力分散；情况判断错误，认为美国航空母舰来不及向战区集结；通信技术落后，缺乏周密的海上侦察，直至关键时刻也未查明美航空母舰的位置；战场指挥不当，决心多变。美军获胜的原因是掌握日军进攻企图，及时集结兵力待机；在鱼雷机大部损失的情况下，轰炸机连续俯冲轰炸，导致日军鱼雷机连机带雷爆炸，航空母舰被彻底摧毁。

瓜达尔卡纳尔岛争夺战

瓜达尔卡纳尔岛争夺战（1942 年 8 月～1943 年 2 月），是第二次世界大战太平洋战争期间，日、美两国军队在瓜达尔卡纳尔岛进行的岛屿争夺战。最终美国获胜，日本遭遇了自太平洋战争爆发以来的又一次失败。瓜岛一战成为太平洋战争的又一个转折点。

战争背景

瓜岛位于南太平洋，距日本东京 5,400 千米。日本原无一人知道瓜岛，但后来日本海军通过空中拍照发现，在瓜岛上有一块可供建设飞机场的平地，并可用作实施第二步作战方案的行动基地，以用于切断美军在南太平洋反攻作战中的后勤补给运输线。中途岛之战失败后，日本海军决定实施第二步作战方案，即攻占斐济和萨摩亚岛以及所罗门群岛，并将之作为永不沉没的天然航母，以用于切断美军的海上交通运输线。于是在 1942 年 7 月中旬，日本海军陆战队来到瓜岛建设机场。至 8 月 5 日建成了一个长 800 米、宽 60 米的飞机跑道。

针对日军的作战计划，美国早在太平洋战争爆发仅仅 2 个月之后、正当日本陆军进攻新加坡时，美海军司令就提出了攻占瓜岛的设想。他说，美军应该占领瓜岛，以用作保卫美国与澳大利亚之间后勤补给交通运输线的强有力的行动基地，继而向北攻占所罗门群岛各大小岛礁，夺取日军的前沿基地。美国海军司令认为，日军的继续南侵将严重影响到美国反攻计划的实施，所以必须阻止日军的南侵行动。

1942年8月6日傍晚，在南太平洋舰队的护送下，美国海军陆战队第1师乘坐23艘运输船朝瓜岛急进。

战争经过

1942年8月7日黎明，美军的一支由80艘舰船组成的攻击部队穿过萨沃海峡，驶达所罗门群岛南部的瓜岛和图拉吉岛一带。在5艘美国巡洋舰和3艘澳大利亚巡洋舰炮火支援和"萨拉托加号"、"企业号"、"黄蜂号"航空母舰轰炸机和战斗机掩护下，美国海军第一陆战师大约16,000名官兵涉水上岸。遭到突然袭击的日本守军进行了微弱地抵抗，登陆部队迅速夺取了日本人在瓜岛修建的尚未竣工的机场。瓜岛是控制所罗门群岛岛链和邻近海域的一把钥匙，在以后几个月里，这个潮湿、疟疾流行的岛屿和周围水域，竟成了浴血搏斗、残酷厮杀的场所。

盟军的战略是，首先打败德军

（德国于1941年12月11日对美国宣战），然后再收拾日本人。不过，金海军上将（欧内斯特·约瑟夫·金，美国海军作战部长兼美国舰队总司令）也没有放纵日本人，让他们巩固夺取的地盘。他从北非登陆计划中抽出了一些兵力，向所罗门群岛和俾斯麦海发起进攻，逐步向前推进，夺取或摧毁日本在西南太平洋上的军事重镇拉包尔。第一个进攻目标是珊瑚海北缘的瓜岛，离拉包尔大约560海里。

美军在瓜岛登陆后，日本人很快从震惊中清醒过来，他们立即组织反攻。27架1式陆上轰炸机（日本人为了使1式陆上轰炸机具有最大的续航力，曾不惜一切代价把油箱装甲设计得很薄，以致受到轻微损伤就易起火。后来，1式陆上飞机作了很大的改进来弥补这一缺陷。）由18架零式战斗机掩护，从拉包尔起飞，向南扑向恰好处在飞机作战半径之内的美国舰队。其中2架战斗机的驾驶员是帝国海军的王牌飞行员——一等飞行兵曹酒井三郎和兵曹长西泽广美。1式陆上轰炸机飞走后，9架99式舰载俯冲轰炸机接踵起飞。（99式载油量少，99式舰载俯冲轰炸机是太平洋战争最初几个月里标准的日本俯冲轰炸机。时速242海里，续航力1,200海里，可带 1 颗 551 磅炸弹和 2 颗 130 磅炸弹，在珍珠港到圣克鲁斯的一系列战斗中赫赫有名。到 1943 年年中，99 式舰载俯冲轰炸机及其战斗经验丰富的飞行员大多被击落。）临近瓜岛时，战斗机分成了两队。西泽分队的 9 架零式战斗机把正在进行空中巡逻的美国野猫式战斗机缠住。西泽一直逼近到直射距离时才开炮，他击落了 5 架美机，然后撤离战场。另外 9 架零式战斗机，其中一个小队由酒井指挥，掩护 1 式陆上轰炸机飞到云集美国军舰和运输舰的海域上空，轰炸机投光了炸弹而无一命中。

日机在返航途中遭到野猫式战斗机的攻击，混战中有几架轰炸机被击落。酒井在这场激战中击落了一架野猫式战斗机。接着，他和僚机发现了一队敌机，这队敌机共 8 架。他们误认为这是一些战斗机，从后面发起攻击。攻击时才看清这是新式格鲁曼 TBF 复仇者式鱼雷轰炸机，轰炸机的尾炮手正等着他们。酒井后来回忆说："整个世界仿佛都在爆炸，我驾驶的零式机像个小玩意儿似地震得直抖。我觉得，我的头好像狠狠挨了一闷棍。"他的头部负了重伤，一只眼睛失明，飞机像个醉汉一股劲地朝下栽。气流通过被美机打碎的挡风玻璃吹进来，使酒井清醒过来，他驾驶那

架伤势很重的零式机，虽然途中几次神志恍惚，但还是返回了拉包尔。

野猫式战斗机

与此同时，9 架 99 式舰载俯冲轰炸机攻击了美国舰队。"马格福特号"驱逐舰受创，但 99 式舰载俯冲轰炸机全数报销（6 架被击落，3 架燃油烧光坠毁）。综观全局，日本人损失了 5 架 1 式陆上轰炸机、2 架零式战斗机和 9 架 99 式舰载俯冲轰炸机，而美方损失了 8 架野猫式战斗机和 1 架 SBD 无畏式俯冲轰炸机。

8 月 8 日，日军派出了 23 架 1 式陆上攻击机（这次携带鱼雷）和另外 9 架 99 式舰载俯冲轰炸机，在战斗机掩护下，对美军又发动了一次攻击。美军两栖部队司令里奇蒙·K·特纳海军少将预先接到了澳大利亚海岸观察哨关于日机接近的警报，做好了迎击日机的准备。一批野猫式战斗机和军舰上猛烈的高射炮火击落了 18 架日机。"贾维斯号"驱逐舰中了鱼雷，吃力地开走了。还有一艘运输舰被一个日本飞行员故意驾机撞毁后

起火。美国人在太平洋战争中发动的第一次攻势，也是 1898 年以来美国海军发动的第一次两栖作战，按照预定的时间表进展顺利。美军南太平洋部队和地区司令罗伯特·戈姆利海军中将宣称："南太平洋地区官兵个个都为特混舰队目前取得的战果感到自豪。"

然而，日本人并不认输。三川军一海军中将仓促集结了一支由 5 艘重巡洋舰（包括三川的旗舰"鸟海"号）、2 艘轻巡洋舰和 1 艘驱逐舰组成的机动部队，迅速从拉包尔赶来。三川指望出敌不意，发挥舰员经过夜战训练的长处，率领舰队在大白天冒险夺路通过所罗门群岛腹部的狭水道，以便赶在 8 月 9 日黎明前夜袭萨沃海峡的盟军舰船。美军的倒霉和失策给三川帮了大忙。"黑鞋"（水面部队舰员）和"褐色鞋"（飞行员）之间的合作崩溃了。弗莱彻海军少将选择这一时刻撤走了他的 3 艘航空母舰，这使特纳海军少将很恼火，他还需要整整一天的时间才能卸完他的运输舰。尽管特纳反对，戈姆利仍然同意撤退，他后来回忆说："弗莱彻对自己舰队的处境了如指掌，而我却不是。"弗莱彻公开的说法，是他的航空母舰需要加油，但他撤走的真正原因是，他不想暴露自己，使航空母舰

遭到攻击。在前两次海战中，他损失了"列克星敦"号和"约克城"号，这次显然决计汲取教训。但不论出于什么理由，他的撤走使滩头阵地和水面舰队失去了空中掩护。由于忙着调解这个伤脑筋的纠纷，澳大利亚侦察机在所罗门群岛狭窄水道发现日本军舰的报告被耽搁和误译了。例如，三川的巡洋舰，有 2 艘被误认为是水上航空母舰，这使美军产生错觉，认为日军准备发动一次空袭，而不是水面舰队的攻击。

三川的旗舰"鸟海"号

8 月 9 日清晨，日本巡洋舰以 26 节航速闯进了萨沃海峡。美军司令部这时尚未得到报告，而那些置敌于死地的"长矛"鱼雷就风驰电掣般地扑向盟军舰船，随之而起的是骤风暴雨似的炮击。在这倒海翻江的片刻里，美国"文森斯号"、"阿斯托里亚号"、"昆西号"巡洋舰以及友军澳大利亚"堪培拉号"巡洋舰被击沉，"芝加哥号"受重创，2,000 名舰员或随舰葬身鱼腹，或身负重伤。三川海军中将

不知道弗莱彻已经把航空母舰撤到海上，担心可能随时遭到空袭，于是下令撤走，没有去攻击特纳束手无援的运输舰。盟军刚刚弄清他们是遭到了日军水面部队的打击，三川的舰队已经悄悄溜走。萨沃海战是对美军的一次沉重打击，正如塞缪尔·E·莫里森所说："在一场堂堂正正的战斗中，这大概是美国海军蒙受的最大失败。"由于没有空中掩护，特纳在8月9日晚上放弃了滩头阵地，使瓜岛上海军陆战队的处境十分危险，这自然遭到陆战队的强烈反对。海军陆战队指挥官亚历山大·A·范德格里夫特少将尖刻地说，他们像"地地道道的傻瓜"那样被别人抛弃了。一周之后，日美双方开始增援已经濒临死亡边缘的岛上部队。瓜岛很快就成了交战双方的象征。对于美国人来说，瓜岛登陆表示了他们决心要把攻势继续下去；而对于日本人，瓜岛的失陷将威胁帝国新征服地盘的安全。在此后的半年里，为了控制这片阴郁荒僻的热带丛林，双方进行了多次海战和空战。邻近的水域到处是沉没的舰船，从此被人们称作"铁底湾"。

萨沃海战的灾难发生后，戈姆利海军中将预料，日本人会卷土重来。8月23日，"东京快车"（一支由驱逐舰和快速运输船编成的运输船团）从特鲁克岛的敌军主要基地南下，由南云海军中将的"瑞鹤号"、"翔鹤号"航空母舰，"龙骧号"轻型航空母舰，"比睿号"和"雾岛号"战列舰护航，为处境极端困难的瓜岛日军守军运送增援部队。遵照努美阿司令部（美军南太平洋部队和地区司令部，设在新喀里多尼亚岛的努美阿）的命令，弗莱彻海军少将率领"萨拉托加号"、"企业号"、"黄蜂号"航空母舰和"北卡罗来纳号"新型战列舰起航。"萨拉托加号"的SBD无畏式俯冲轰炸机和TBF复仇者式鱼雷机同亨德森机场的海军陆战队飞机会合，一道进行搜索，但没有发现敌人舰船。弗莱彻因此认为，日本运输船团离这里还有几天的航程，接着他命令"黄蜂号"航空母舰离队加油。这样，在第二天（8月24日）早晨东所罗门海战爆发的时候，美国舰队就少了三分之一的航空母舰实力。

从"龙骧号"航空母舰起飞的轰炸机和战斗机，在瓜岛上空与从拉包尔飞来的双引擎岸基轰炸机会合后，开始攻击亨德森机场。"仙人掌航空部队"奋起还击，击落了21架日机。马里恩·E.卡尔海军陆战队上尉击落了2架轰炸机和1架零式战斗机（这次战役结束时，他击落的日机总数达到18.5架）。这时，美军发现了"龙骧号"航空母舰，弗莱彻命令30架SBD无畏式俯冲轰炸机和6架TBF复仇者式鱼雷机起飞，实施攻击。美机穿过密集的高射炮火，躲开零式战斗机的纠缠，使"龙骧号"在这次海战中至少中了10颗炸弹和1条鱼雷，"龙骧号"中了4颗炸弹后沉没了，舰员死亡121人。美机无一损失。

在美国飞机攻击倒霉的"龙骧号"时，由于发现了"企业号"和"萨拉托加号"航空母舰，日本人有了战机可乘，南云还在沾沾自喜。但是，弗莱彻做好了准备，他汲取了中途岛海战的经验教训，加强了空中战斗巡逻，53架野猫式飞机全部升空，"企业号"和"萨拉托加号"的飞行甲板上没有一架飞机。双方机群在距离"企业号"25海里的上空遭遇，经过一场野蛮残酷的殊死搏斗，唐纳德·E.鲁尼恩海军陆战队二级准尉击落了2架99式舰载俯冲轰炸机和1架零式战斗机，击伤了1架99式舰载俯冲轰炸机。攻击"龙骧号"后返航的SBD无畏式俯冲轰炸机和TBF复仇者式鱼雷机也参加了这场战斗，又击落了3架99式舰载俯冲轰炸机。

有20多架99式舰载俯冲轰炸机突出重围，直取"企业号"航空母舰。当它们俯冲攻击时，"企业号"只好依靠自己的火炮及"北卡罗来纳

号"战列舰和其他警戒舰只火炮的保护。空中到处是炮弹爆炸的团团黑色硝烟和曳光弹道。有几架俯冲轰炸机中弹爆炸；还有两三架敌机受伤后，企图冲撞航空母舰。一位军官激昂地用他的11.43毫米手枪朝着直冲下来的轰炸机射击，直到把子弹打光。"企业号"舰长阿瑟·C.戴维斯海军上校发现，每隔7秒钟有一批99式进行俯冲。攻击进行了4分多钟。"企业号"中了3颗炸弹，其中1颗穿透了飞行甲板，在士兵舱爆炸，炸死30人。有1颗炸弹击中了右舷炮台，炸死39人。"企业号"航空母舰被烈火吞没，但舰上的损管和消防人员干得十分出色，不到1小时，它又重新投入战斗。

"企业号"航空母舰

战斗结束了，双方不分胜负。美国侦察机没有发现"翔鹤号"和"瑞鹤号"，而日军第二波轰炸机也没找到目标。"萨拉托加号"2架SBD无畏式俯冲轰炸机离开编队，轰炸了

"千岁号"水上飞机母舰，误认为它是一艘战列舰，狠狠地炸伤了它。第二天上午，从亨德森机场起飞的8架SBD无畏式俯冲轰炸机发现了"东京快车"运输船团，攻击了护航的"神通号"轻巡洋舰，并使一艘大型运输舰中弹起火。"睦月号"驱逐舰停在一边援救挨炸受伤的运输舰上的登陆部队和舰员。这时，有8架B-17轰炸机飞来，"睦月号"舰长畑野健次海军中佐对这种高空水平轰炸机从未见过的准确轰炸满不在乎，继续进行着援救作业。片刻，3颗炸弹命中了"睦月号"，把它炸沉。畑野从海里被救起后还愤愤不平地说："连B-17也有机会逞能了。"

在东所罗门海战中，美国人略胜一筹，日本人则损失了"龙骧号"航空母舰和一大批飞机，登陆增援受挫。一位日本军官作了这样的评论："我军夺取瓜达尔卡纳尔岛的计划不可避免地半途而废了。"然而，美军在作战中严重失误。侦察机没有找到"翔鹤号"和"瑞鹤号"；仅仅是由于走运，"企业号"和"萨拉托加号"才避免了遭到日本飞机的另一次攻击，而这次攻击很可能是一次致命的打击。

东所罗门海战之后的2个月内，美日双方都对瓜岛的部队进行增援。

在航空母舰和亨德森机场飞机的掩护下，美军连续不断向瓜岛派出了货船队。从拉包尔出动的日本轰炸机经常轰炸瓜岛，但是美军面临的最大危险则是敌方潜艇。珊瑚海的东部海域以"鱼雷网"闻名于世。8月30日，"萨拉托加号"航空母舰中了鱼雷，由于珍珠港的船坞挤满了受伤待修的军舰，不得不到美国西海岸抢修。2周后，"黄蜂号"中了3条鱼雷，大火不止，被迫弃舰。"北卡罗来纳号"战列舰也同时受创。这些悲剧发生后，"大黄蜂号"成了美国海军唯一在太平洋作战的航空母舰。"东京快车"继续趁夜向日军据守的滩头运送兵员和补给，并炮击美军阵地，而后安全溜走。有一次，2艘日本战列舰炮击了亨德森机场，机场航空汽油加油站中弹起火，着陆跑道被击毁，还摧毁了48架飞机。到了月底，日军有2万人在瓜岛登陆。

尼米兹海军上将冷静分析了战局，他说："现在看来，我们未能取得瓜达尔卡纳尔地区的制海权。因此，我们对岛上部队进行补给，势必要付出重大代价。局势并不是毫无希望，但确实很危急。"为了应付危局，尼米兹让身体已经痊愈、急于求战的哈尔西海军中将取代戈姆利，担任南太平洋海军部队司令。同时，托马斯·C·金凯德海军少将接替了弗莱彻，负责指挥航空母舰作战。任命哈尔西使得他将要指挥的部队群情振奋。一位美军军官这样说："我永远不会忘记当时的情景。那时，我们忍受着疟疾的折磨，非常吃力地爬出了散兵坑，接着我们高兴得像小羚羊那样跑着跳着。"在华盛顿，金海军上将说服了罗斯福总统，向西南太平洋战场投入了更多的兵力、飞机和舰只。

山本海军大将认为，美国人已经招架不住，于是他调集部队，要对瓜岛美军进行一次毁灭性打击。日军大规模在瓜岛登陆，进攻了亨德森机场的美国海军陆战队守军，同时，派出一支由5艘战列舰和"翔鹤号"、"瑞鹤号"、"瑞凤号"、"隼鹰号"4艘航空母舰编成的机动部队，仍在南云海军中将统率下到圣克鲁斯群岛东北海域巡航。山本给他部属的命令很简短："捕捉并歼灭所罗门海区盟军任何作战部队，包括任何增援部队。"哈尔西接受了这个挑战，他派遣"大黄蜂号"、仓促修复的"企业号"航空母舰和"南达科他号"新型战列舰迎候敌人（"南达科他号"装备了大批双联装和四联装博福斯式40毫米高炮）。10月26日黎明，一架搜索敌舰的PBY水上飞机报告说，在这

一海区有一支日本舰队。哈尔西电令他的指挥官们："进攻！进攻！再进攻！"金凯德从"企业号"上派出16架SBD无畏式俯冲轰炸机，每两架编成一组，在海上执行搜索和攻击任务。詹姆斯·R·李海军少校和他的僚机威廉·E·约翰逊海军少尉在大约185海里外发现了日本舰队，虽然遭到8架零式战斗机的拦截，还是击落了3架敌战斗机，然后巧妙逃脱。斯托克顿·B·斯特朗海军上尉和查尔斯·B·欧文海军少尉驾驶的另外两架俯冲轰炸机避开了空中巡逻战斗机，攻击了日军最小的"瑞凤号"航空母舰，一颗500磅炸弹把它的飞行甲板炸开一个大洞。"瑞凤号"中弹后起火，未能收回自己的飞机，跟跟跄跄地驶回了特鲁克。就在这时，日本人找到了美国航空母舰的准确位置，135架轰炸机和战斗机飞向目标。它们甩开了迎面飞来的73架美国飞机的纠缠，在混战中，击落了8架美机。

日机在1,7000英尺（1英尺＝0.3048米）高空逼近目标，突破了美国防空战斗机的阻拦，撇开躲在暴雨里的"企业号"，全力攻击了"大黄蜂号"。"大黄蜂号"和它的警戒舰只，击落了25架日本攻击机。但是，"大黄蜂号"也几次中弹。一架99式

SBD 无畏式俯冲轰炸机、零式战斗机

舰载俯冲轰炸机中弹后撞击了"大黄蜂号"的飞行甲板，使"大黄蜂号"起火燃烧。还有2条鱼雷钻进这艘受伤的航空母舰机舱后爆炸，"大黄蜂号"主机停车，死一般地漂在水上。这时，"企业号"航空母舰从雨雾中驶出，日军机群当即转移目标，由于美军防御炮火有力，"企业号"只中了2颗小型炸弹，但它的几艘警戒舰（包括"南达科他号"战列舰）受创，1艘驱逐舰被日本潜艇击沉。美国人打算把"大黄蜂号"拖出战场，但这艘航空母舰又遭到了日机的一次次攻击。当夜幕降临的时候，美方只好放弃火势不止的航空母舰，任凭它被日军驱逐舰击沉。在"大黄蜂号"遭到攻击的时候，它的飞机也逼近了"翔鹤号"航空母舰。零式战斗机紧追不舍，SBD 无畏式俯冲轰炸机开始俯

冲，4颗1000磅炸弹命中了"翔鹤号"的飞行甲板。遗憾的是，一道来的 TBF 复仇者式鱼雷机分散了，没有找到遭受重创的这艘日本航空母舰，否则，只要再射中一两条鱼雷，就可以使它寿终正寝了。"翔鹤号"需要修理9个月才能重新投入战斗。"筑摩号"巡洋舰也被炸得很惨。"企业号"的攻击部队，在飞向目标途中遭到日本战斗机的攻击，编队被冲散，当发现日军舰队时，汽油几乎烧光，实施的攻击也毫无效果。

这次攻击，日军在战术上取得了胜利。他们击沉美军1艘航空母舰，击伤1艘战列舰，同时自己有2艘航空母舰受损。但是，山本不能发展有利局势。美国军舰高度奏效的新式高射炮使他损失了100多架飞机，在他的部队里，训练有素、实战经验丰富的飞行员舰员很多。日本人在圣克鲁斯海战中取得的胜利是他们在太平洋战争中取得的最后一次重大胜利。山本认为，夺取亨德森机场是胜利的关键，他决定向瓜岛派出更多的登陆部队。

11月13日（星期五）凌晨，黑夜漫漫，"东京快车"以"比睿号"和"雾岛号"战列舰为前导，直下所罗门群岛的狭窄水道，炮击了亨德森机场，以便使该机场的飞机无法阻挠

后面的 11 艘满载运输舰。一支美国巡洋舰和驱逐舰部队投入了战斗，天色渐渐放亮，"比睿号"受了重伤，在萨沃岛海面就地打转。从亨德森机场和"企业号"航空母舰（飞行甲板的升降机尚未修复就重新出海作战）起飞的俯冲轰炸机和鱼雷机赶来把它击沉。"比睿号"是太平洋战争中被击沉的第一艘日本战列舰。

日本"比睿号"被击中

日军没有被吓倒，继续执行向瓜岛调派增援部队的计划，但是，日本的 11 艘运输舰，除 4 艘外，全被美军舰载机和岸基飞机击沉。11 月 14 日夜晚，美军继续扩大战果，"华盛顿号"和"南达科他号"战列舰的主炮轰击了"雾岛号"。"雾岛号"伤势惨重，只好由自己的舰员把它击沉。此后，尽管美国海军继续遭到严重损失，但瓜岛的美军阵地再也没有受过威胁。

为了夺回瓜达尔卡纳尔岛及替岛上士兵补给，山本五十六决定在离瓜达尔卡纳尔岛不远的蒙达岛修建机场。12 月 3 日美军发现日军行动，于 6 日、8 日、13 日～20 日，美军对该机场实施空袭，但成效不大。美军遂于 1943 年 1 月 5 日凌晨以第 67 特混编队进行炮击，机场被摧毁，日军无法得到补给。岛上盟军攻占奥斯腾山后亦只进行防守。1943 年 1 月，日军决定撤退。期间，日军组织了 3 次的撤退，共撤走陆军 9,800 人、海军 830 人。1943 年 2 月 9 日，盟军完成占领瓜达尔卡纳尔岛的任务。至此，瓜达尔卡纳尔战役结束。

战争结果及评价

瓜达尔卡纳尔战役，美国陆军和海军陆战队投入作战兵力共 60,000 人，战死者 1,592 人。海军伤亡人数更多，但没有公布。损失舰艇为：航空母舰 2 艘、重巡洋舰 6 艘、轻巡洋舰 2 艘、驱逐舰 14 艘。日军在瓜岛作战兵力共 36,000 人，战死或失踪 14,800 人，病死 9,000 人，被俘 1,000 人，其中由于运输舰船被击沉而损失的部队不计在内。日本海军的伤亡人数也没有公布；损失的舰艇为：战列舰 2 艘、轻型航空母舰 1

艘、重巡洋舰 3 艘、轻巡洋舰 1 艘、驱逐舰 11 艘、潜艇 6 艘。美国取得了绝对的胜利。美军粉碎了日本整个第二阶段的战略进攻计划，日军战败后还退出了新几内亚东北海岸的布纳及戈纳，放弃占领莫尔比兹港的企图。从此盟军由战略防御转变为战略进攻，日军由战略进攻转变为战略防御，战略主动权已完全转入盟军手中。

科曼多尔群岛海战

科曼多尔群岛海战，是 1943 年美日海军在北极圈内的科曼多尔群岛海域展开的一次白昼战斗。

战争背景

1942 年 6 月 3 日，日本海军大将山本五十六派出一支分遣舰队北上佯攻美国阿拉斯加州的阿留申群岛，希望以此吸引美国太平洋舰队北上，日本联合舰队主力则可趁机占领中途岛。但在 6 月 3 日到 5 日的中途岛海战中，日军损失 4 艘航母，美军取得了决定性的胜利。

为了挽回些面子，山本五十六命令北上分遣舰队不惜一切代价攻占阿留申群岛。6 月 7 日至 8 日，日军在阿留申群岛西南端空无一人的基斯卡岛和阿图岛登陆，美军随即切断了日军的海上补给线，使得岛上日军几乎弹尽粮绝。

1943 年 3 月 23 日，为了给岛上日军输送补给，日本海军中将细萱戌子郎率领"那智"号、"摩耶"号重巡洋舰、"阿武隈"号、"多摩"号轻巡洋舰和 4 艘驱逐舰，护卫 3 艘运输商船驶向阿图岛。美军指挥部获悉后，即刻命令由麦克莫里斯海军少将指挥的"盐湖城"号重巡洋舰、"里士满"号轻巡洋舰和 4 艘驱逐舰前往拦截。于是，一场发生在北极圈内的海战——科曼多尔群岛海战就此揭开了序幕。

战争经过

3 月 26 日拂晓刚过，美军舰队行驶到阿图岛以西 180 英里（290 千米）的科曼多尔群岛海面上。与此同时，日军舰队位于科曼多尔群岛西北20海里处。"那智"号重巡洋舰驶在最前端，最后边是"山光丸"号运输船和"电"号驱逐舰。

突然，日军"雷"号驱逐舰上的一名日军瞭望哨报告在左舷远方发现有舰船驶来，日军起先以为这是落后的"山光丸"号和"电"号。但到早上7点30分，一名眼尖的日军瞭望哨察看发现，驶来的舰船数量不止2艘，而且明显具有美军战舰轮廓。"警报！左舷发现敌舰！各舰准备投入战斗！"日军护航舰队立即进入一级战备。

美军舰只的雷达也已经发现了日军舰队。由于此时正处在北极圈内特有的极昼时期，天色大亮，空中略有些云团，能见度极高，气温大约在零摄氏度左右，十分适合进行海战。

美军麦克莫里斯少将原以为自己碰上了一支日军运输舰队，可以轻松取胜。但很快他就从"阿武隈"号上的桅杆数量上判断出对方拥有巡洋舰，紧接其后映入眼帘的2艘重巡洋舰更令他大吃一惊。他意识到这次碰上的不是"肥肉"，而是一块非常难啃的"硬骨头"。

8点40分，2支舰队相距1.8万米时，日军"那智"号和"摩耶"号抢先对美军"盐湖城"号开火。2分

钟后，美军"盐湖城"号开火还击。随后，双方参战舰只都一一开火。虽然美军舰队在数量和火力上占下风，但美军战舰安装的炮瞄雷达较为先进，在射击精度上占有一定优势。

"那智"号

8点50分，"盐湖城"号的一发8英寸穿甲弹钻进"那智"号后部舰桥后爆炸，造成日军舰员11人死亡。另一发击中了主桅杆，破坏了桅杆上的大量天线和雷达。2分钟后，第三发穿甲弹击穿飞行甲板钻进了其下方的鱼雷舱。两名日军搬运兵被当场炸死，另外5名重伤。"那智"号上的损管工作陷入混乱，日军维修人员为了防止受损发电机起火进行了紧急抢修，但在忙乱中失手关闭了全舰供电系统，顿时靠电力驱动的炮塔都无法转动，"那智"号被迫暂时退出战斗。

日军其余舰只全力拦截美军舰队。日军"摩耶"号重巡洋舰的射击精度明显高于"那智"号，"盐湖城"号四周激起道道水柱。很快，一发炮弹击中"盐湖城"号舰身中部侦

察机弹射器，2名飞行员当即阵亡。

9点30分，恢复电力的日军"那智"号的主炮重新射击。日军巡洋舰将所有炮火集中到"盐湖城"号上。猛烈的炮火使"盐湖城"号的尾舵受损，经维修后仅能勉强左右转动10度，再也无法进行规避航行。8分钟后，一发8英寸炮弹命中了"盐湖城"号的主甲板，从舰首水线以下部位穿出，造成燃油泄漏，航速明显下降，操纵困难。11点整，麦克莫里斯命令舰队撤退。很快"盐湖城"号舰尾轮机舱又挨了2发炮弹，造成舰体大量进水。舰体向舰尾纵向倾斜5度，挣扎着继续向前航行。

由于舰尾进水，"盐湖城"号航速锐减到不足20节，落在了舰队末尾。麦克莫里斯急令所有驱逐舰赶回向日军舰队发射鱼雷，阻止其靠近"盐湖城"号。不过，"盐湖城"号很快恢复航速，鱼雷攻击的命令被撤销了。日军舰队原本已经追至距美军舰队2743米距离，但细萱戌子郎一见美军驱逐舰摆出发射鱼雷的架势，立即让所有日舰提前进行规避，影响了航速。

11点50分，"盐湖城"号上的维修人员为了将后倾的舰体恢复水平状态，为舰体前部注水，不想误使主锅炉舱进水，全舰丧失动力。"盐湖城"号停止了前进，如死鱼浮在水面上，与日军巡洋舰仅距1.7万米，情况万分危急。

3艘美军驱逐舰拼死驶到"盐湖城"号前方，交替施放烟雾并向日舰开火，为"盐湖城"号争取最后一线生机。"里士满"号轻巡洋舰靠近"盐湖城"号，准备转移舰上人员。但舰长罗杰斯上校拒绝离舰，他指挥维修人员继续排除积水。12点整，奇迹终于发生，主锅炉恢复燃烧，"盐湖城"号勉强维持着8节的航速缓缓前进。

正在攻击中的"盐湖城"号

与此同时，几艘美军驱逐舰顽强地用自己的5英寸主炮抗衡日军巡洋舰。很快，"贝利"号右舷中部被命中一发8英寸炮弹，5名舰员阵亡。2分钟后，又有两发8英寸炮弹击中"贝利"号后部锅炉舱和轮机舱。"贝利"号发射了5条鱼雷后带伤和另2

艘驱逐舰调头回撤。像蜗牛般爬行的"盐湖城"号也向日军巡洋舰开火射击，掩护驱逐舰撤退。麦克莫里斯给自己的手枪上了膛，准备和追击的日舰展开最后的战斗。

然而，这时日军驱逐舰内的燃料已经所剩无几，勉强能维持返航；巡洋舰内的弹药也即将用完。而且细萱戍子郎没有意识到"盐湖城"号已失去动力，误以为其停驶是为获得准确的射击效果，担心会遭到美军陆基飞机的攻击。当"盐湖城"号最后开火时，因为耗尽穿甲弹而发射了弹道弯曲的高爆弹，在日舰舷侧近似垂直地落入海中时，过分谨慎的细萱戍子郎还误认为那是高空中美军轰炸机投下的炸弹。出于这种种考虑，2 分钟后，细萱戍子郎中将做出了出乎所有人意料的决定。他命令日军护航舰队向东驶离战场。12 点 12 分，双方距离超出有效射程，全部停火。科曼多尔群岛海战就此画上句号，"盐湖城"号和其他美军战舰终于虎口脱险。

战争结果及评价

在这次海战中，日军"那智"号重巡洋舰受到中等程度损伤。美军"盐湖城"号重巡洋舰严重受损，后来返回船坞进行了大修。"贝利"号和"考夫兰"号分别受到了中度和轻度的损伤。单从战果看，日方获得了胜利。如果单从战略层面而言，日方此行的根本目的——向阿图岛输送补给的任务没有完成，实际上是无功而返。此后，日军不得不利用潜艇为基斯卡岛和阿图岛上的日军运送补给。从军事角度来看，科曼多尔群岛海战不仅是二战中唯一一次在北极范围内极昼条件下进行的海战，更是太平洋战争中少有的在没有航空兵、潜艇参与、岸炮支援的情况下，单纯依靠水面战舰在远距离利用舰炮和鱼雷进行角逐的海战。

库拉湾海战

库拉湾海战（1943 年 7 月 4 日～6 日），是第二次世界大战中，美日舰队在太平洋战场科隆班加拉水域爆发的一次海战。

战争背景

1943 年 2 月，瓜岛战事落下帷幕之后，美军就着手在南太平洋展开反攻。按照 1942 年底太平洋舰队司令部确定的，下一个反攻目标不应超过岸基航空兵有效作战半径这一原则，南太平洋战区司令海军中将小威廉·弗雷德里克·哈尔西选择了新乔治亚岛。1943 年 2 月底，美军首先夺取了拉塞尔群岛，并在日军补给线上实施布雷行动，准备切断新乔治亚岛上日军的补给线。在行动中，美军发现距离新乔治亚岛仅 5 海里的伦多瓦岛上防御薄弱。美军立即意识到，如果占领该岛，就可以通过炮兵压制

新乔治亚岛上的蒙达机场。于是，美军改变直接登陆新乔治亚岛的计划，并提前行动，在 6 月 30 日，派遣一支登陆部队先登陆伦多瓦岛。

小威廉·弗雷德里克·哈尔西

而日本方面也发现了美军在伦多瓦岛的登陆行动，于是立即命令第1航空基地部队全力空袭美军登陆场和两栖舰队，同时派"鸟海"号重巡洋舰率5艘驱逐舰紧急从特鲁克赶来增援。同时，日本陆海军商定立即以驱逐舰运输部队实行反登陆作战，以夺回伦多瓦岛。7月1日，日军又发现美军的运输队在伦多瓦岛装卸重炮。考虑到这些火炮会对新乔治亚岛的守军形成巨大威胁，日军重新调整了计划，决定在7月20日之前先将2,500到4,000名增援部队送上新乔治亚岛去。后来其计划又几度遭到否定和修改。直到7月3日清晨，日军发现美军大批登陆船只出现在新乔治亚岛附近，才仓促决定在保证蒙达地区守备安全的情况下，尽快实施对伦多瓦岛的反击。当天，日本新乔治亚岛守备部队幕僚会议通过决议，定于5日夜晚对美军发起反攻。3日夜，日军正式发布命令，要求派遣8艘驱逐舰运输2,600名陆军士兵及其装备（包括大发艇和燃料）在科隆班加拉岛登陆。

战争经过

在接到运输陆军的命令之后，日本海军东南方面舰队就不断派遣轻巡洋舰和驱逐舰进攻伦多瓦岛附近的美军水面舰只，但并未取得较好的战果。7月4日傍晚，日本增援部队在金冈国三大佐的率领下从布因出发，直奔库拉湾。这支部队由4艘驱逐舰装载了陆军第一批增援部队，包括独立速射炮大队及其他部队在内的1,300人和大发艇15艘。5日凌晨，当这支驱逐舰运输队正沿科隆班加拉岛东岸南下的时候，编队舰只上的瞭望哨发现了由安斯沃思将军指挥的美军海军支援部队正进入库拉湾。这支美国编队共由7艘老式驱逐舰改装的快速运输舰、3艘轻巡洋舰和9艘驱逐舰组成。经过慎重考虑，日军指挥金冈国三大佐即判断自己处于劣势，于是下令借助夜幕的掩护进行远距离鱼雷攻击，并选择打了就跑的战术。随后，日本驱逐舰向外发射了一阵鱼雷后，脱离战场。次日早晨6时，安全回到了布因。在这次美日短暂的接触中，美军由于在夜幕中没有发现日军编队，不幸遭到鱼雷攻击，损失了一艘驱逐舰"斯特朗"号，46人丧生。

日军第一次运输任务的失利并没有影响日军的行动。5日，日军发现美军登陆编队正式在赖斯湾登陆，东南方面部队指挥官强调必须立即增援前线，于是日军重新制订

了计划，投入了隶属于4个驱逐队的10艘驱逐舰，实施运输计划。这个运输队一共装载2,400名陆军士兵和180吨的物资。为了有效指挥协调这些部队，第3水雷战队司令秋山辉男少将亲自登上"新月"号，坐镇指挥。而且，"新月"号还安装了新的雷达告警设备。19时30分，日军舰艇编队离开肖特兰岛，紧靠新乔治亚群岛南下。由于一路上天气恶劣，美军巡逻机并未发现日军。次日零时，日编队顺利抵达科隆班加拉岛以北20海里处。此时，第1运输队按照计划离开队列，开往科隆班加拉岛东岸的登陆点，其余舰只继续南下。1时05分，日军旗舰"新月"号发现有美军水面舰只出现。秋山少将立即命令编队加强警戒，继续前进。13分钟后，又下令掉头北上。但这次日军失策了，因为他所观察到的并不是美军舰船，而他此时做出的战略决定正使日军越来越接近一支真正的美军舰队。1时43分，觉得一切安全的秋山少将让第2运输队离开队列，前去登陆点，他自己则率掩护队继续北上，去库拉湾口担任警戒。5分钟后，美军舰艇编队（共3艘轻巡洋舰和2艘驱逐舰）赫然出现在日军视野中。1时52分，秋山少将下达全体集结的命令，并加速到30节，左舵40度，航向北。战幕拉开。

"新月"号

而美军方面，其实早在日本驱逐舰于肖特兰岛集结时，就已经发现了日军动向。哈尔西将军随即命令安斯沃思少将编队迅速完成补给，出海拦截日军编队，并且派"拉德福特"号和"杰金斯"号驱逐舰增援。这样，安斯沃思少将率领由3艘轻巡洋舰和4艘驱逐舰组成的战斗编队在装载完物资后，起航追击日军编队。午夜，当美军编队沿着西偏北的航向驶过库拉湾以北时，日军编队早就进入了库拉湾，并向南航行。本来，美军是不会过早发现他们的，但是因为前文所述的北返行动使他们暴露在美军雷达之下。1时40分，美SC雷达接收到了24700码外目标的反射信号——日军编队被发现了。于是，安斯沃思少将立即命令变航行队形为战斗队形，准备战斗。驱逐舰解除了环型警戒，改成纵队陪同巡洋舰。1时42分，变换队形的同时，航向由292°变为242°，以缩小与目标之间的距离，航速仍旧为25节。1时49分，安斯沃思少将断言有2队敌舰，总数7～9艘。为了保持攻击最有利的阵位，他命令航向向右调整60°，恢复到302°。同时，安斯沃思决定在中等距离上用雷达引导火炮射击。1时54分他下令开火。之后，他发现相对接近美军的那支舰队后方1万码处的大船（第

2运输队）并不存在。于是下令巡洋舰全部火炮集中射击距离较近的那支编队。1时57分，"海伦娜"号发现秋山的舰船，并开始攻击。其实当时日本驱逐舰正位于一个极佳的瞄准点，但是"新月"号并没能及时发射致命的鱼雷，美军舰只的第一次齐射就彻底压制了它。日舰"新月"号舰桥被美军炮弹所摧毁，并迅速沉没。未遭到射击的"凉风"号和"谷风"号在朝美军炮口闪光处发射了16枚49节的长矛鱼雷后，向西北撤退。然而就在安斯沃思为几乎消灭了敌人舰队而洋洋得意时，日军的第2运输队赶到，并立即向美军发射了长矛鱼雷。2时7分左右，美舰"海伦娜"号被3枚长矛鱼雷连续击中，舰艏、舱室、船底依次被炸裂，水迅速涌入船体，"海伦娜"号沉没。

"海伦娜"号

在"海伦娜"号中雷的同时，美军顺利完成转向。2时18分，安斯沃思少将下令对南西南距离11600码外的日军第2运输队编队首舰"天

雾"号开始齐射。由于发现日本舰队正在右转，3分钟后，他命令转向112°。通过这次机动，他取得了日军编队的T字头阵位，全部日舰处于美军全部军舰火力之下，而日舰只有第一艘船可还击。这时美军立刻发起猛烈的火炮射击。日舰"天雾"号迅速被击中4发6英寸炮弹，前无线电室和电路系统遭到破坏，之后右转躲入烟幕之中。"初雪"号被击中3次，射击指挥仪和通信设备被打坏，舰桥操舵室也被摧毁，1个锅炉和1条主燃料管被贯穿；鱼雷发射管被炸成麻花状，3条鱼雷被摧毁，死亡5人。后面的"长月"号和"镜月"号因为看不见美军，自行穿越炮火航行，于2时20分到维拉碇泊处，卸下士兵。在卸载过程中，"长月"号被1发6英寸炮弹击中。14分钟后，"天雾"号和"初雪"号赶来会合。随后，日军全部撤离战场。2时35分，安斯沃思转向东南，驶向图拉吉军港。

然而，就在安斯沃思穿过湾顶痛击日军的时候，日本部分运输队已经将货物和1,600名士兵送上了维拉。到美军巡洋舰退出战场为止，日军仅付出1艘驱逐舰的代价。但是"长月"号没有雷达的引导，快速离开维拉以北5英里的班巴里港时，于2时46分搁浅。"镜月"号企图实施拖带

失败，在凌晨4时放弃了它，陪伴受伤的"初雪"号从布满水雷的布莱克特海峡撤退。2舰顺利回到布因基地。此外，日军第2运输队的旗舰"天雾"号选择了一个有些冒失的方向，它从4时45分离开锚泊地，沿科隆班加拉东岸向北航行。5时15分它听到"新月"号幸存者的呼唤，并看见他们在油污中挣扎，于是停船救援。同时"尼古拉斯"号和"拉德福特"号正在西北13,000码外救援美国水兵。尽管双方都尊重对手，但这不是绅士的战争。2艘美国驱逐舰的雷达在"天雾"号停船前发现了对方。5时18分，他们也被"天雾"号发现。杉野修一大佐下令停止救援行动，朝西北方向以最大速度航行。2分钟之前麦金纳尼就采取了相同的部署，全部武器都对准了目标。5时22分，"尼古拉斯"号在8,000码的距离上齐射半数的鱼雷。5时30分，"天雾"号用同样方式还击。他们都很幸运，美国鱼雷从"天雾"号的首尾穿过，日本鱼雷从"拉德福特"号舰尾后方15英尺处穿过，谁也没占到便宜。5时34分，日军开炮，美军在"尼古拉斯"号发射的照明弹指引下，击中"天雾"号中部，炮弹破坏了射控电路和无线电发报室。日本舰长不敢恋战，迅速施放烟雾撤退。

其间，另一支运输队的"三日月"号和"滨风"号一面卸载物资和人员，一面警惕地注视着远处天空炮火和爆炸形成的闪光。他们也经布莱克特海峡撤退。而日舰"望月"号却花了超过1小时去卸载，在它沿库拉湾靠近科隆班加拉海岸的航线撤退时，被美军发现，双方于6时10分互相开火攻击。6时15分，"望月"号的炮塔和鱼雷管被炸伤，于是在发射了1枚鱼雷后，消失在自己施放的烟雾里。为防止继续遭到空袭，美军也无心恋战，于6时17分转向东南，高速驶向图拉吉。10时10分，美军11架SBD俯冲轰炸机和10架TBF鱼雷攻击机在15架战斗机掩护下，赶来攻击海滩上的目标，日方失去作战能力的"长月"号被击中，弹药库爆炸而

沉没。至此，海战彻底结束。

战争结果及评价

库拉湾海战是南太平洋岛屿争夺战中发生的一系列轻型舰船编队交战之一，在这场战斗中，占据兵力优势的美军并没能完全达成战役设想——截断日本海上运输队，反而损失不轻。而日本由驱逐舰组成的运输队则在付出一定代价后，基本完成了运输任务。从战役目的达成来看，日军略胜一筹；从战术损失而言，美军沉没1艘轻巡洋舰，日本损失2艘驱逐舰，美军在吨位上稍逊一分；总体而言，美军的表现差强人意，可谓小挫。

马里亚纳海战

马里亚纳海战，又称菲律宾海海战，1944 年 6 月在二战的太平洋战场上日、美海军之间在马里亚纳群岛附近进行的一次海战。它是一次以航空母舰为主力的海空大战，也是海战史上最大规模的航空母舰决战。由于战斗中日军飞机被美军战斗机轻易击落，被美国人戏称为"马里亚那射火鸡大赛"。

战争背景

进入 1943 年下半年，美军经过一年半的艰苦奋战，取得了瓜达尔卡纳尔岛战役的胜利，夺得太平洋战场主动权，扭转了战争初期的被动不利局面，从战略防御转入了战略进攻。美国决定以中太平洋为主，西南太平洋为辅的双线方式对日军发起反攻。其中中太平洋一路由斯普鲁恩斯海军中将指挥，频频"越岛"进攻，很快就夺取了吉尔伯特群岛和马绍尔群岛。1944 年 5 月，斯普鲁恩斯又挥师西进，企图拿下日本内防御圈上的重要岛链——马里亚纳群岛。

马里亚纳群岛位于琉球、台湾和菲律宾以东，硫黄列岛以南，加罗林群岛以北，正扼中太平洋航道的咽喉，亚洲与美洲的海上交通要冲，是美军进攻日本本土和远东的必经之路，战略地位极其重要。一旦占领马里亚纳，日本本土与东南亚的海上生命线就将被切断，美国的大型远程轰炸机 B－29 就可将日本本土纳入其作战半径，中国台湾和菲律宾也将处在美军直接打击范围下，如此便可打击日本工业及军民士气。因此，美军制订了夺取马里亚纳群岛的严密计划，即由斯普鲁恩斯指挥第5舰队，负责掩护登陆马里亚纳的部队，登陆部队由第51特遣舰队司令理查德蒙德·凯利·特纳海军中将指挥，在6月中旬进入马里亚纳海域，对附近机场、港口的飞机和船只进行封锁及压制，并准备进攻塞班岛，以夺取空军基地。5月26日，斯普鲁恩斯率领军舰驶离珍珠港，6月9日，驶抵塞班，开始炮轰马里亚纳岛上的机场，炸毁124架日机和20多艘出入塞班的日本运输舰船。而对日本来说，马里亚纳群岛是其"绝对国防圈"上核心的一环，不容侵犯。因此，当日军察觉美军夺占马里亚纳的企图后，原本为抵挡麦克阿瑟战线而发动的"浑"作战被迫中止，作战舰艇往北支持小泽治三郎，转而发动日本帝国大本营苦心策划的"阿"号作战——以岸基飞机与航空母舰机动舰队挑起海上大决战，从而一鼓作气，打败盟军主力舰队来扭转劣势。小泽的兵力虽不及斯普鲁恩斯，但是日机的续航力比美机大，可以设法让战斗在日机的作战半径以内、美机的作战半径以外展开，而且考虑到马里亚纳群岛上还有170架飞机可以进行有效支援，小泽还是率领第1机动部队自信地踏上了征途。

蒙德·埃姆斯·斯普鲁恩斯

6月13日，斯普鲁恩斯忽然收到"泥鱼"号潜艇发来的电报，在塔威塔成群岛北端发现日本大舰队。斯普鲁恩斯和他的助手们讨论了日本舰队的动向，经反复思考，他作出了如下决定：通知前去空袭硫黄岛的两个航空母舰特混大队，作好随时返航的准备，令驻守马绍尔群岛的岸基航空兵派出远程水上飞机，搜索塞班以西洋面，严密监视日本人的进击方向；改变舰队原来的加油计划，以便让第58特混舰队在对手到达的前一天加满燃油；特纳海军中将指挥北方攻击部队继续航进，按预定计划在塞班登陆。

6月15日，美军在联合远征军部队司令特纳指挥下顺利登陆塞班岛，原本认为日军无力增援的斯普鲁恩斯发出18日登陆关岛的命令，不料同日 18 时 35 分，美国潜艇"飞鱼"号在圣贝纳迪诺海峡发现一支日本舰队，19 时 45 分，另一艘美国潜艇"海马"号在菲律宾苏里高海峡北部岷答那娥附近也发现另一支日本舰队，17 日夜里，又一艘美国潜艇传来接触报告。直到这时，斯普鲁恩斯才摸清了日本人要冒死和美国舰队决战的意图。他不敢有丝毫大意，于是下令推迟在关岛登陆的日期，17 日，召回刚毁灭硫黄岛及父岛航空兵力的第 1 与第 4 支队，并从特纳的联合远征军舰队抽出 8 艘巡洋舰、21 艘驱逐舰来强化第 58 特遣舰队的军力，联合远征军的登陆舰队则先开往东方海域避风头，第 58 特遣舰队则准备与日舰队接战。18 日中午，第 58 特遣舰队集结完毕，斯普鲁恩斯移交战役指挥权给第 58 特遣舰队指挥官马克·米契尔，随后其全部 5 个特遣群共 15 艘航空母舰摆开阵势，其中以 7 艘战斗舰为主的第 7 支队摆在日本舰队与 4 个航舰特遣群之间，以防日本水面舰队接近美国航空母舰，除掩护第 7 支队的第 4 支队航空母舰外，其余第 1、2、3 支队皆部署在战舰舰队后方展开，挡在塞班岛西侧，随时迎接日军攻击的到来。

马里亚纳海战时的航空母舰

日本方面，6 月 15 日，小泽治三郎海军中将率领日本第 1 机动部队穿过圣贝纳迪诺海峡，驶入菲律宾海的集结点。两天前，他已命令宇垣缠率领第一战列舰战队撤离比阿克水域，掉向北上。16 日，2 支日本部队兵汇一处，下午加油完毕，继续向东挺进。在此处，小泽中将将 2 支日本部队混编成甲、乙、丙 3 支部队，共有 9 艘航空母舰，搭载 400 余架飞机，舰队还有 5 艘战舰（包括 2 艘世界最大的大和级战舰），分别由小泽、城岛高次海军少将和栗田健男中将率领。小泽并未如同斯普鲁恩斯所设想采取分兵合击策略，而是打算利用日本在关岛、罗塔岛等地设有航空基地的地利之便，将舰队部署在美国舰载机打击半径以外，同时日本舰载机起飞攻击美舰队，在穿越美军舰队后，飞行至罗塔岛与关岛等地降落加油挂弹准备下一轮攻击，实施所谓的"穿梭轰炸"。如此就能大大延长日本舰载机的打击范围，而美国舰队则无法攻击日本舰队。同时，小泽也希望角田的岸基飞机助他一臂之力，抵消美国舰载机的数量优势，可是小泽根本没有想到，美军早已抢先下手，摧毁了马里亚纳群岛上的绝大部分航空兵力，而驻守马里亚纳的斋藤中将为了

保全面子，竟没有如实向小泽通报情况。如此看来，日方的作战计划一开始就无以保证。

随着小泽舰队进入菲律宾海，双方舰队发觉彼此的存在后，这场史上最大的航空母舰战役与舰载机空战，即将拉开序幕。

马里亚纳海战日本海军联合舰队舰船

战争经过

基于中途岛海战的经验教训，从6月18日起，小泽就不停地派出多架侦察机对美军进行严密搜索，并于下午发现了美军舰队，只是因天色将黑，己方的飞行员多未接受过夜航训练，才没出动飞机，而是命令丙队向东，自己则率甲乙两支编队向南，在美军飞机作战半径之外过夜，等待次

日天亮后再出击。19日日出前，小泽就先后派出了战列舰和巡洋舰所携带的44架水上飞机进行侦察，15分钟后，发现美军舰队在400海里外，还没有进入美机的作战半径，而美机却已经在日机的可攻击范围内。而且现在美国舰队尚未发现日机所在，此时出击乃天时地利之选。于是，从19日7时52分开始，小泽先后派出326架飞机对美军发动了3次攻击，企图以大量的战机一举击破米契尔的空防。

9时50分，美军通过雷达在150海里外发现日机，米契尔立刻命令甲板上所有飞机起飞，前去拦截日机。本来双方在遭遇时，美军飞机应还无法爬升至日机高度，但日机却浪费宝贵的10分钟对机群重新调整，使美军有时间迅速爬升至与日机相同的高度，并监听到日机指挥官指令而改变拦截战术。之后，以F6F地狱猫式战斗机为主的美机对已显得落后的日本飞机进行拦截，日本第一波攻击机群损失42架，日机也对美国的战舰群发起了进攻，1枚炸弹命中"南达科他"号。

11时39分，规模最大的日机第二攻击波再度被美国战机拦截，美国F6F战机围着技术欠佳、性能落伍的日机穷追猛打，演变成空中大屠杀，至少70架日机在这波拦截中被击落，被后来的美军戏称为"马里亚那射火鸡大赛"。仅有的突出重围的20架飞机，14架接着又被第7支队的防空炮火击落，一架天山鱼雷机撞在战斗舰"印第安纳"号水线附近，但鱼雷未爆炸；另有6架彗星俯冲轰炸机在正午时对第2支队展开攻击，1枚炸弹在"胡蜂"号上空爆炸，2枚炸弹在"碉堡山"号近处海中爆炸，2舰受损轻微。第3支队遭受几架鱼雷机攻击，"企业"号躲掉1枚鱼雷，其

他飞机则被美国防空炮火打退。总计第二波日机128架共折损97架，另外侥幸逃生的31架则返回小泽舰队，而美军却几乎未受损失。

"马里亚纳猎火鸡"

第58特遣舰队取得对日本舰载机的压倒性胜利，但始终未能发现小泽舰队并给予打击。但是，小泽舰队也没有逃离美军的攻击。早在19日8时，美国潜舰"大青花鱼"号就发现了小泽舰队的甲队，并对其进行鱼雷攻击。日舰"大凤"号被1枚鱼雷击中，但由于该舰装甲雄厚，特别注重防御能力，一时并未造成很大的影响。直到下午3时，由于油气自管内外泄，浓度过高，加上舰内人员不慎引起火花，使舰内燃起大火，同时引爆了弹药库，使"大凤"号腹部接二连三发生大爆炸，小泽不得不放弃自己的旗舰"大凤"号，移乘重巡洋舰"羽黑"号离开，但其通讯设施远不足以担任旗舰的重要位置。中午时

分，美军"棘鳍"号潜舰同样闯入了小泽舰队的甲队舰群中，当时日航空母舰"翔鹤"号正进行收回飞机的作业，无法机动规避鱼雷攻击，"棘鳍"号发射的6枚鱼雷至少有3枚命中"翔鹤"号，使"翔鹤"号立时失去战力，并在当日14时32分沉没。

正当小泽损失自己的2艘大型航空母舰时，日本舰载机发起了第三攻击波。但是，这次日方并未顺利找到美舰队，只能返回。不幸的是，在返航途中遭遇美军约40架战斗机，经过一番恶战之后，日军损失5架战斗轰炸机、1架鱼雷机和1架战斗机，并失去了攻击美军舰队的战机，只得返回母舰。

上述3个攻击波结束后，飞行员向小泽报告击伤美军5艘航母和1艘巡洋舰，比真实情况夸大了许多，使小泽认为战果辉煌，决定出动所有飞机乘胜追击，给美军更大的打击。结果当然是事与愿违，他所派出的战机遭到了美机的沉重打击，共损失战斗机18架，轰炸机22架，鱼雷机4架。19日的战斗结束。

19日夜间，为了20日能够再度派出其剩余百余架的舰载机袭击美舰，小泽趁夜色率领舰队转往西北，暂时避开跟第58特遣舰队的接触并进行加油。而美军鉴于飞行员在白天

空战中的劳累，夜间并未派出侦察机巡查。因此，20日早，当美军一面西进一面派机侦察时，却发现日舰不见了踪迹。直到15时40分，美舰才发现小泽舰队，米契尔派第58特遣舰队第1、2、3支队对日舰发起进攻。

17时30分，美机先发现了日军的补给船队，部分美机立即进行了攻击，击沉了日军"玄洋丸"和"清洋丸"2艘油船，击伤了"速吸"号油船。其余美机继续向西，很快发现了日军舰队，便展开攻击。而小泽早在16时就知道美军航母编队正在后面进行追击，而且自己位置也已暴露，肯定会遭到美军飞机的攻击，便停止海上加油，全速向西北撤退，并以部分水面舰只组织了一支断后编队，向东航行，担负掩护。随后将舰队残存的75架战斗机尽数派出，进行空中掩护，同时3个编队相互靠拢，缩小间距，以便发挥护航军舰的防空火力。美机临空后，先与空中的日军战斗机发生空战，尽管日机数量上、性能上以及飞行员素质上都比美军差，被击落40余架，仍相当顽强拼死苦战，协同水面舰只的防空火力击落美机20架。美机突破日机空中拦截后，对日军舰队进行了猛烈攻击，击沉了"飞鹰"号航母，击伤了"瑞鹤"号、

"隼鹰"和"千代田"号航母、"榛名"号战列舰和"摩耶"号巡洋舰。

"飞鹰"号

20时45分，美机完成攻击后，开始在越来越暗的夜色中返航。大批飞机因为燃油耗尽需要在海上进行迫降，所以米契尔只能冒着被日舰发现的危险，下令整个舰队打开照明。尽管如此，由于各机油料殆尽，加上200架飞机同时联络舰队所造成的通讯混乱，许多飞行员无视降落信号灯官的指令而争先恐后地扑向甲板，导致许多混乱与意外。在此回夜间降落中，美机损失80架，是战斗损失的4倍。

米契尔随即率领编队西进，沿着飞机返航的航线航行，以搜寻落水的飞行员。斯普鲁恩斯原想乘胜追击，扩大战果，并计划在21日白天再次

出动飞机或使用战列舰为主的水面战舰，彻底消灭小泽的残部。但小泽却于20日晚8时46分接到丰田的撤退命令，率领日舰队向中城湾驶去。至此，马里亚纳海战结束。

战争结果及评价

这是有史以来规模最大的航空母舰海战，以美军的最终胜利宣告结束。在这次海战中，美军以2艘航母、2艘战列舰、1艘巡洋舰和117架飞机的代价，击沉了日军航空母舰3艘、油船2艘、潜艇20艘；击伤航空母舰3艘、战列舰、巡洋舰和油船各1艘，舰载机404架，占全部舰载机的92%；击溃岸基飞机247架，几乎全军覆没。这次打击对日军而言是致命的，在短时间内，日军再也无力恢复成一支强大的现代化舰队。美军则由此而彻底消除了日军舰队的威胁，完全夺取了太平洋战区的制空权和制海权，孤立了马里亚纳守军，确保了马里亚纳登陆战役的顺利实施，也为美军以后的战略进攻赢取了更加有利的条件。

诺曼底战役

　　诺曼底战役（1944 年 6 月 6 日～7 月 24 日），是第二次世界大战后期，美英武装力量在诺曼底进行的一次世界上最大规模的战略性登陆战役，又称诺曼底登陆。这次战役持续了 2 个多月，最终以盟军成功建立滩头堡，解放巴黎告终。至此，盟军终于突破了德军的"大西洋壁垒"防线，在法国开辟了第二战场。

战争背景

　　1941 年，自从德国入侵苏联后，苏联红军便一直单独地在广大的欧洲大陆上与德军作战。于是，斯大林就向丘吉尔提出在欧洲开辟第二战场对纳粹德国实施战略夹击的要求，但当时美国尚未参战，英国根本无力组织这样大规模的战略登陆作战。对于苏联的建议，英国的响应只是派出小部队对欧洲大陆实施偷袭骚扰。直到1942 年底，苏军在伏尔加格勒会战中取得了决定性的胜利，开始准备反

攻，德军隆美尔军团在北非受到严重打击，欧洲战场的形势发生了有利于美英盟军的变化，美英才考虑在法国北部夺取一个战略性登陆场。1943 年 1 月，美英初步达成协议，准备在欧洲开辟第二战场。1943 年 5 月，英美召开华盛顿会议，决定于 1944年 5 月在欧洲大陆实施登陆，开辟第二战场，并着手制定登陆计划。1943 年11 月，英、美、苏三国首脑在德黑兰开会，会议决定，三国组成盟军，英美在德国北部实施大规模登陆作战，开辟第二战场，苏联红军在欧洲东线发动攻势，牵制德国主力兵

团。同年 12 月，美、英首脑再次会晤，任命美国陆军上将艾森豪威尔为作战总指挥。1944 年 1 月 14 日，艾森豪威尔走马上任，并组织人员修订了之前完成的"霸王作战"计划。其基本设想是以登陆部队为突击力量，在飞机、火炮、舰艇的支援下，在法国诺曼底登陆，突破德军防御工事，开辟大量登陆场，让增援部队顺利登陆，进行陆上战斗，夺取最后胜利。关于登陆地点，几经商议后，选择了自然条件恶劣、德军防御兵力较少的诺曼底，登陆时间内定在涨潮的 6 月 5 日凌晨。

艾森豪威尔

为实施这一大规模的战役，盟军共集结了多达 288 万人的部队。陆军共 36 个师，其中 23 个步兵师，10 个装甲师，3 个空降师，约 153 万人。海军投入作战的军舰约 5,300 艘，其中战斗舰包括 13 艘战列舰，47 艘巡洋舰，134 艘驱逐舰在内约 1,200 艘，登陆舰艇 4,126 艘，还有 5,000 余艘运输船。空军作战飞机 13,700 架，其中轰炸机 5,800 架，战斗机 4,900 架，运输机滑翔机 3,000 架。

而德国方面在诺曼底战役开始前，德军最精锐兵团——179 个师和 5 个旅还在苏德战场作战，约占德军总兵力的 65%。在法国、比利时和荷兰只有德军 58 个师，编成"B"和"G"两个集团军群，隶属于龙德斯泰特元帅指挥的"西线"司令部。这支军队由第 3 航空队（160 架战斗机）负责支援。法国北部，比利时和荷兰沿岸由德国"B"集团军群防守，司令为隆美尔元帅，其基本兵力集中在加莱海峡沿岸，因为德军统帅部估计盟军将要在这一地段登陆。而在盟军打算攻入大陆的塞纳湾沿岸的广阔地段上，防守的兵力只有德军 3 个师。在比斯开湾、加莱海峡和拉芒什海峡各港口驻泊有"西线"海军部队的水面舰艇。此外，为了抗击登陆，还抽调了驻泊在布列斯特、洛里昂和比斯开湾其他各港的 49 艘潜艇。至诺曼底登陆战役开始前，德军统帅部批准实施的法国北部沿岸防御工程计划，塞纳河以东的工程完成了 68%，塞纳河口以西的工程只完成了 18%。但即使这样也给盟军登陆造成了不小的损失。

大西洋防御墙——海滩障碍物，隐藏的炮兵连以及被炸弹毁坏的海墙后面那些纠缠在一起的铁丝网——环卫着法国海边一个小镇。

战争经过

在诺曼底登陆中，盟军空降兵的任务是在登陆滩头两侧距海岸 10～15 千米的浅近纵深空降，阻止敌预备队的增援，并从侧后攻击德军海岸防御阵地，配合海上登陆。由于在最初的 1～2 天里，盟军只登陆 6～8 个步兵师，而只有在建立起可供装甲师展开的大登陆场后，才将装甲师投入作战。如果在装甲部队上陆前德军突破了登陆部队的防线，将会给登陆带来灭顶之灾，所以空降兵的行动在登陆初期对于登陆胜利是至关重要。

6 月 5 日夜，在空军密集突击的掩护下，盟军在卡朗坦市以北空降了 2 个美国空降师，在卡昂东北空降了 1 个英国空降师。运送登陆兵的船只是在暴风雨天气下开始横渡拉芒什海峡的，因此，此举出乎海军统帅部意料。德军海上的第一次抵抗仅仅是用驱逐舰进行攻击，击沉 1 艘驱逐舰。甚至当舰艇开始炮击时，德军海岸炮连射击紊乱，毫无效果。在登陆地域未出现过德国的航空兵。德国"西线"坦克集群的各兵团远离海岸，由于交通线上的目标不断遭到盟国空军密集突击而不能参加抗登陆作战。盟军出敌不意，攻入大陆，取得优势地位。6 月 6 日早晨，盟军开始在诺曼底沿岸登陆。盟军在舰炮强大火力和空军连续突击的支援下，夺取了几个登陆场。在登陆开始后的 16～17 小

空降兵

时内，在这些登陆场上陆的军队共有132715人。战役的第一天在东区（英国）就卸下6000件兵器和运输工具（包括900辆坦克和装甲车、600门火炮和其他器材）以及4300吨装具和弹药。登陆行动如此快速，是由于使用了大量专用登陆船只，这些船只能直接抵达岸边把部队遭送上陆和卸下技术兵器，还使用了有专门设备的大型船只和港口设备作为码头。截至6月17日，盟军建立了2个临时港。在拉芒什海峡还铺设了输油管。盟军这时已推进到韦斯特勒昂以东，科蒙和卡朗坦以南一线，截断了在科唐坦半岛活动的德军集团。登陆场上

已有19个师，其中3个装甲师，共约50万人。德军统帅部这时投入战斗的达到12个师，其中有4个坦克师。德军使用兵力分散，因而遭受重大损失。7月5日，也就是登陆以后的第29天，在诺曼底已有盟军100万人。由于苏军在白俄罗斯进攻顺利，德军基本兵力被钳制在苏德战场上，德军统帅部已经没有战役预备队可供使用。但是英美军队向大陆纵深推进的速度仍然很缓慢，直到7月25日才推进到卡昂、科蒙、圣洛以南的沿岸地带，建立起一个战略登陆场。至此诺曼底登陆战役即告结束。

登陆舰中所见到的D-DAY诺曼底海岸的情形

战争结果及评价

诺曼底战役历时43天，盟军以57,200人死亡，168,600人受伤或失

踪的沉重代价完成了世界战争史上规模最大的两栖登陆。它是第二次世界大战中盟军在欧洲西线战场发起的一场最大规模也是最后一次攻势，是二战中最具有战略意义的事件之一。诺曼底登陆的胜利，标志着西欧第二战场的正式开辟。第二战场的开辟，拖住了法西斯德军的大批兵力，不仅减轻了苏军的压力，有利于协同苏军攻克柏林，迫使法西斯德国提前无条件投降，而且也便于美军把主力投入太平洋对日全力作战，在一定程度上加快了第二次世界大战的结束。

莱特湾海战

莱特湾海战（1944 年 10 月 20 日～26 日），是发生在第二次世界大战中太平洋战场上菲律宾莱特岛附近海域的一次战争。日本联合舰队战败，严重削弱了日本海军实力，从此日本海军在太平洋战争中不再是一个战略力量。此战役也为后来美军成功攻下日占的菲律宾群岛打下基础。

战争背景

1943 年，二战战场上的形势迫使日本军队不得不放弃其在所罗门群岛的基地。1944 年盟军在一系列登陆行动中占领了马里亚纳群岛，突破了日军在太平洋的内防御圈，在 6 月的马里亚纳海战中日本的航母舰队受到重创，盟军在西太平洋获得空中和海上的优势。

此时盟军开始考虑他们的下一步。海军上将切斯特·威廉·尼米兹建议进攻台湾，将日军阻挡在菲律宾。这样盟军可以控制联系日本和南

亚的海路，切断日本与它南亚的驻军的联系，这样在南亚的驻军得不到补给必败。道格拉斯·麦克阿瑟将军主张在菲律宾登陆。菲律宾也位于日本的联系线上。将菲律宾让给日本对美国来说是一个丢脸的事，而且麦克阿瑟 1942 年逃离菲律宾时曾经发誓重返故地。最后富兰克林·德拉诺·罗斯福必须做最后决定。他决定在菲律宾登陆。日方对盟军的步骤也很清楚。联合舰队最高长官丰田副武制定了 4 个方案：捷 1 号作战方案是针对菲律宾的重大海军作战方案，捷 2 号作战方案是针对台湾的作战方案，捷 3 号和捷 4 号作战方案分别是针对琉

球群岛和千岛群岛的作战计划。所有4个计划都是孤注一掷的、复杂的和大胆的行动计划，它们将日本所有的力量都投入一次决定性战役。

美国海军进攻菲律宾的登陆点在莱特岛。托马斯·金凯德海军中将的第七舰队的旧式战列舰以及护航航空母舰用于支援登陆部队。威廉·哈尔西海军上将的第三舰队航空母舰特混舰队用于掩护两栖作战并寻歼日本舰队。

马里亚纳海战
小泽治三郎海军中将

莱特湾海战强大的美国海军特混舰队

1944年10月12日尼米兹的航母对台湾进行了一次空袭来保证那里的飞机无法介入在莱特岛的登陆。日本因此开始执行捷1号作战方案。一波再一波的飞机被投入对美国航母的战斗。在此后3天中日本损失了600架飞机，这几乎是它大部分的空军力量，这使得它的海军基本丧失了空军保护。

按照1号作战方案，小泽治三郎中将的机动部队使用易被打击的航母，将美国第三舰队从其应该保护的登陆力量引走。美国登陆力量在丧失其空中掩护后受到从西方开入的3支日本舰队的打击：驻扎在文莱的栗田健男中将率领第二舰队进入莱特湾消灭盟军登陆力量。西村祥治和志摩清英中将的舰队组成第五舰队作为运动攻击力量。这3支舰队没有航母和潜艇，完全由水面舰只组成。显然这个计划的结果是这4支舰队中至少1支要被消灭。战后丰田对美国调查者是这样解释的："假如我们丧失菲律宾，而舰队幸存下来，那么我们南北之间的海道就被割断了。假如舰队待在日本领海的话，那么它得不到燃料补给。假如它待在南海的话，那么它就

得不到武器弹药的补给。因此假如我们失去菲律宾的话，那么保存这支舰队也没有意义了。"

战争经过

1944年10月20日，美军一支两栖部队进攻菲律宾群岛中部的莱特岛，这是莱特湾战役的开始。同一天，日军一支部队从莱特岛东南部进入阵地，美军第七舰队的潜水艇发现了日军第一攻击部队。

栗田的舰队于10月24日进入莱特岛东北的锡布延海。在锡布延海海战中他受到美国航空母舰的攻击，"武藏"号战列舰被击沉。栗田调头撤退，美国飞行员以为他就此退出战场，但晚间他再次调头进入圣贝纳迪诺海峡并于清晨来到萨马岛。

西村中将的舰队于10月25日清晨3点进入苏里高海峡正好撞到美军的作战舰队。在苏里高海峡海战中"扶桑"号战列舰和"山城"号战列舰被击沉，西村战死，他的剩余力量向西撤退。

哈尔西上将接到小泽的航空母舰舰队到达的消息后于10月25日派他的航空母舰追击，在恩加尼奥角海战中4艘日本航空母舰被击沉，小泽的剩余力量逃往日本。

栗田的舰队于10月25日清晨6时到达萨马岛。此时哈尔西正在追击小泽，在栗田的舰队和美国的登陆舰队之间只有3支美国护卫航空母舰和它们的驱逐舰编队。在萨马岛海战中美国驱逐舰令人绝望的鱼雷攻击和无情的空中攻击，以及天气的不利使栗田以为他面临美军主力，因此他转身撤出战场。

整个海战可以分为4个阶段：锡布延海战、苏里高海峡海战、恩加尼奥角海战、萨马岛海战。

锡布延海战

栗田最强大的"中央舰队"由5艘战列舰组成（5艘战列舰："大和"号、"武藏"号、"长门"号、"金刚"号和"榛名"号），加上10艘重巡洋舰、2艘轻巡洋舰和15艘驱逐舰。栗田的舰队企图突破圣贝纳迪诺海峡，攻击莱特湾内的登陆舰队。

10月23日子夜后栗田的舰队经过巴拉望岛水域，他的舰队被美国潜艇"海鲫"号和"鲦鱼"号发现。虽然"大和"号上的电报员发现了2艘潜艇并报告他们发现这支舰队的电讯，日本舰队没有采取反潜行动。6时43分，"海鲫"号（SS－247）首先发动攻击，在1,000米距离上对准重巡"爱宕"和"高雄"各射出6枚鱼雷，"爱宕"号命中4雷沉没，"高雄"号中 2 雷重伤，6 时 56 分，"摩耶"号重巡洋舰则被"鲦鱼"号命中 4 雷沉没。"高雄"号重巡洋舰被鱼雷击中在 2 艘驱逐舰的保护下返回文莱，美国潜艇尾随着它。10 月 24 日由于"海鲫"号搁浅被迫被放弃。栗田将他的旗舰移到"大和"号上。

锡布延海海战中被直击弹击中第一炮塔的"大和"

10 月 24 日约 8 时美国"无畏"号航空母舰上的飞机发现这支舰队进入狭窄的锡布延海。哈尔西命令集结第三舰队的 3 支航空母舰分舰队集中攻击栗田的舰队。从"无畏"号和"卡伯特"号航空母舰和其他航空母舰上起飞的共 260 架飞机约于 10 时 27 分开始不断攻击这支舰队。醒目的"大和"号和"武藏"号成为美军主要攻击的目标。"妙高"号重巡洋舰首先中弹，舰尾被命中 1 雷，负重伤返航。"武藏"号、"大和"号和"长门"号相继中弹，"武藏"号在 6

波攻击中共命中鱼雷 19 枚，炸弹 17 枚（另有近失弹 18 枚）后沉没，"大和""长门"均受伤，航速下降至 24 节，"金刚""榛名"轻伤，轻巡"矢矧"中弹，驱逐舰"滨风""清霜"受伤返航。由于己方缺乏航空掩护，15 时 30 分，栗田下令他的舰队转头开出美国航空母舰的袭击范围。他等到 17 时 15 分，然后再次转头开向圣贝纳迪诺海峡。他的舰队无暇顾及受重伤掉队的"武藏"号。"武藏"号最后约于 19 时 30 分倾覆沉没。

与此同时，大西泷治郎中将驻吕宋岛的 80 架飞机袭击了"埃塞克斯"号、"本宁顿"号、"普林斯顿"号和"兰利"号航空母舰。"普林斯顿"号被 1 枚穿甲炸弹击中起火。15 时 30 分其后弹药库爆炸，当场有 229 人阵亡，236 人受伤，其他附近船只也被损坏。17 时 50 分"普林斯顿"号沉没。该分舰队负责向北边警戒任务，导致无暇派飞机搜索北方水域，16 时 35 分小泽的诱饵舰队才被美军飞机发现。

苏里高海峡海战

西村的南路舰队由战列舰"扶桑"号、"山城"号以及"最上"号重巡洋舰和 4 艘驱逐舰组成。10 月 24 日他们遭到空袭，但未受伤。

由于南路舰队和中路舰队严守无

莱特湾海战"普林斯顿"号航空母舰发生大爆炸

线电静默，西村无法与栗田和志摩协调他们的步骤。当他进入苏里高海峡时，志摩在他后面约40千米，而栗田还在锡布延海，离莱特岛的海岸还有好几个小时。

他们刚刚开过帕纳翁岛就闯进了美国第七舰队为他们设置的圈套。杰西·奥尔登多夫少将的6艘战列舰（从西向东，分别是"宾夕法尼亚"号、"加利福尼亚"号、"田纳西"号、"密西西比"号、"马里兰"号、"西弗吉尼亚"号）、8艘巡洋舰（从西向东，分别是："什罗普郡"、"博伊西"、"菲尼克斯"，以上3艘编成右翼巡洋舰群，面向南方；"哥伦比亚"、"丹佛"、"明尼阿波利斯"、"波特兰"、"路易斯维尔"，以上5艘编成左翼巡洋舰群）、29艘驱逐舰和39艘鱼雷艇已经严阵以待。

由于美军缺乏在夜间作战的飞

机，故只能用装备雷达的鱼雷艇来提供信息。20时50分，美国鱼雷艇发现西村舰队。随后，美军13个鱼雷艇分队分别向西村舰队发动鱼雷攻击，无一命中，美军鱼雷艇PT－493触礁沉没，但为第七舰队提供了大量情报。

次日凌晨3时，美军第54驱逐舰中队第一部分3艘驱逐舰在7,000～8,000米距离上向西村舰队发起鱼雷攻击，共射出27枚鱼雷，1枚鱼雷击中"扶桑"号中部，"扶桑"号即刻落伍，随之右回转后撤，8分钟后全舰失去动力。3时9分，第54驱逐舰中队第二部分也发射了鱼雷，前导驱逐舰"山云"号首先中雷，随即发生大爆炸沉没。"朝云"号前主炮下方中弹，舰艇折断，航速下降至12节。战列舰"山城"和驱逐舰"满潮"相继中雷受伤，"山城"号前后中2枚鱼雷，中后部主炮无法工作，但仍坚持前进。3时45分，落后的"扶桑"号中部燃料舱和3、4号主炮塔弹药舱发生大爆炸，舰体断裂，舰艏部分于4时20分被击沉，舰尾部分在1个多小时后也沉没。战后谁也不知道"扶桑"号上发生了什么，因为全舰无一幸免，阵亡人数在1,400～1,600之间。

3时50分，美军战列舰、巡洋

舰编队采用海军炮战经典战法，排成 2 列 T 字横队（战列舰在后，距离 20,000 米，巡洋舰在前，距离 14,000 米），用全正面交叉火力在雷达引导下共发射大口径主炮炮弹 245 发，巡洋舰发射炮弹 4,000 多发，第 56 驱逐舰中队也对其进行鱼雷攻击，共中鱼雷 2 枚，顷刻间，"山城"号剧烈燃烧并发生爆炸，舰桥崩塌，沉入大海，西村中将以下除 10 人被美军救起外，其他均随舰葬身鱼腹（作为对比，整个海战中，西村舰队损失的战舰上，幸免的合计仅有 26 人）。"最上"号也中弹多处，其中防空指挥所被直接命中，舰长、副长、航海长等几乎所有的高级军官全部被炸死，只好由炮术长荒井大尉代理指挥。"时雨"号驱逐舰也有 5 处受创。

"阿武隈"号

4 时 15 分，志摩的"那智"号和"足柄"号重巡洋舰以及 8 艘驱逐舰到达战场。志摩以为他看到的那两

段残片是西村的两艘战列舰的剩余（实际上它们是"扶桑"号的两段），他认识到通过海峡是毫无希望的，因此下令转身撤退。在混乱中他的旗舰"那智"号与焚烧的"最上"号相撞，丧失机动能力而落后的"最上"号第二天被飞机击沉。志摩舰队在撤退过程中，受到美军舰载机的追击，轻巡"阿武隈"号和驱逐舰"不知火"号相继沉没。

苏里高海战是人类历史上最后一次发生在战列舰之间的海战，是海战史上组织最成功的战例之一。美军以 1 艘鱼雷艇为代价，获得了击沉 2 艘战列舰、1 艘重巡洋舰、3 艘驱逐舰，伤 1 艘重巡洋舰、1 艘驱逐舰的骄人战绩。

恩加尼奥角海战

小泽的舰队由 4 艘航空母舰："瑞鹤"号、"瑞凤"号、"千岁"号、"千代田"号，第一次世界大战时建造的战列舰改装成的 2 艘航空战舰："伊势"号、"日向"号，三艘巡洋舰："大淀"、"多摩"、"五十铃"和 8 艘驱逐舰组成。"瑞鹤"号是最后一艘参加过珍珠港事件幸存至此的航空母舰。"日向"号和"伊势"号的后部炮塔被改成机库、跑道和起飞机构，但这 2 条船都没有带飞机。小泽一共只有 108 架飞机。

一直到 10 月 24 日下午 16 时 40 分小泽的舰队才被发现。此时美军正在对付栗田的舰队和吕宋岛来的空袭。24 日晚，小泽获得了一份美国电报说栗田撤退了（这个消息是错误的），但 8 时丰田下令所有舰队继续进攻。

哈尔西看到他有机会消灭所有日本在太平洋上的航空母舰，这样美国可以毫无忧虑地进攻日本本土。他相信栗田已经在锡布延海战中被击退，因此他于子夜后带领所有的 3 队航空母舰和威利斯·李上将的战列舰（根据哈尔西的命令，为守卫圣贝纳迪诺海峡临时编成第 34 特混舰队。命令是个预案，在后来造成理解的混乱。）开始追击小泽。虽然美国侦察机发现了栗田开向圣贝纳迪诺海峡，但哈尔西认为金凯德的第七舰队足以对付它，未加理会。

美国舰队的数量比日本舰队多得多。哈尔西拥有 9 艘航空母舰（"无畏"号、"大黄蜂"号、"富兰克林"号、"列克星敦"号、"邦克山"号、"黄蜂"号、"汉考克"号、"企业"号、"埃塞克斯"号）、8 艘轻航空母舰（"独立"号、"普林斯顿"号、"贝勒伍德"号、"科本斯"号、"蒙特利"号、"兰格利"号、"卡伯特"号、"圣哈辛托"号）、6 艘战列舰（"亚拉巴

马"号、"艾奥瓦"号、"马萨诸塞"号、"新泽西"号、"南达科他"号、"华盛顿"号）、17 艘巡洋舰、64 艘驱逐舰和 1,000 多架飞机，但他将登陆点让给了几艘护卫航空母舰和驱逐舰。哈尔西被小泽的诱饵给引诱出来了。

10 月 25 日早，小泽下令 75 架飞机起飞攻击美军，但这些飞机没有造成多少损失，大多数飞机被美国战斗机击落，少数飞往吕宋岛。

哈尔西亲自率领第 34 特混舰队的战列舰急速前进，准备用大口径舰炮直接去对付小泽舰队前卫的战列舰以及在舰载机空袭中掉队日舰。清晨，在还没有确定日军的精确位置的情况下，美军就起飞了 180 架飞机，直到 7 时 10 分侦察机才找到了北路舰队。8 时美军战斗机摧毁了保护舰队的 30 架日军飞机，他们一共进行了 857 架次袭击，小泽舰队的航空母舰纷纷中弹（"千岁"号和"秋月"号驱逐舰沉没，"瑞鹤"号、"千代田"号和"多摩"号轻巡洋舰丧失机动能力）。小泽将他的旗舰改到"轻大淀"号巡洋舰上。

这时萨马岛战斗的消息传来。美军登陆军的情况紧迫（第七舰队的护航航空母舰因为栗田的舰队突然出现，而不断地发报向哈尔西求援。连坐镇珍珠港的尼米兹也给哈尔西发了

日本"瑞鹤"号航空母舰在恩加尼奥角海战中被美国的"企业"号击中

一份简短的电报:"第 34 特混舰队,在哪里?"但负责电报加密的军官,随意添加了一句"全世界都想知道",哈尔西的译码军官误以为是正文未加删减,这使哈尔西怒不可遏),哈尔西下令南下,他只留下了两个航空母舰大队以及一小支由巡洋舰和驱逐舰组成的舰队来收拾小泽的残余船只。

下午在击沉几艘日本航空母舰后,日军飞机集中在 2 艘改装的战列舰上,但它们密集的防空火力有效地抵挡了空袭。空袭一直到傍晚,小泽舰队作为诱饵的全部航空母舰("瑞鹤"、"瑞凤"、"千岁"、"千代田"),还包括 1 艘轻巡洋舰("多摩")、2 艘驱逐舰("秋月"、"初月")被击

沉。"诱敌部队"取得了出色的成功。但由于通讯不畅,小泽发出诱敌成功的电报,栗田却没有收到,不过这再次使栗田的舰队免遭全军覆没。

萨马岛海战

萨马岛之役栗田舰队击沉美军 2 艘护卫航空母舰,3 艘驱逐舰。日军损失 3 艘巡洋舰,3 艘主力舰受重创。

栗田的舰队于 10 月 25 日凌晨进入圣贝纳迪诺海峡,凌晨 3 时它们沿萨马岛的海岸向南进发,于黎明时分发现美国舰队。

金凯德中将有 3 支舰队来阻挡它,每支舰队由 6 艘护卫航空母舰和 7 或 8 艘驱逐舰组成。每艘护卫航空母舰带约 30 架飞机,一共有 500 多架。护卫航空母舰比较慢,装甲薄,对付战列舰它们没有多少可能。

金凯德错误地以为威利斯·李的战列舰还守护在圣贝纳迪诺海峡,因此从那里才没有危险,但李被哈尔西调走去对付小泽去了。当日本舰队在萨马岛出现时,美军大吃一惊。哈尔西的舰队已经被诱敌战术调走远离莱特湾,但是栗田对此却一无所知。栗田错误地将那些护卫航空母舰当做美国的航空母舰舰队,他还以为整个美国第三舰队在他的 18 英寸炮口前呢。

美国护卫航空母舰立刻向东后

撤，希望坏天气可以影响日本炮的精确度，同时立即发报请求支援，甚至用明码发报。美国驱逐舰企图用分散日本战列舰的注意力来取得时间。这些驱逐舰自杀般的对日舰发射鱼雷，吸引日舰火力。为了躲避鱼雷，日舰不得不打散自己的队形。"大和"号被2条平行的鱼雷逼迫背向而行，无法转身，怕被它们击中，这样损失了足足10分钟的时间。4艘美国驱逐舰被击沉，其他受伤，但它们为航空母舰获得时间让它们的飞机起飞。这些飞机没有时间转装穿甲炸弹，因此它们只能带着它们正带着的弹药起飞（有时甚至是深水炸弹）。美军航空母舰继续南逃，而战列舰的炮弹不断在它们周围爆炸。一艘航空母舰被击沉，其他受伤。

由于栗田舰队未完成整编队形便发动进攻，加上美军驱逐舰的攻击将他的队形打破了，各战队散乱在广阔的海面上。他丧失了对战事的战术指挥，他的3艘重巡洋舰被集中的海上和空中的袭击击沉。栗田于9时20分下令北转整理队形。躲过栗田的舰队袭击的护卫航空母舰遭受的打击并没有结束，被"神风特攻队"自杀飞机击沉1艘，另2艘遭到重创。

不久栗田的舰队改变航向，驶往莱特湾。就在日本计划就要得逞的时候，栗田再次北转撤退。他感觉美军支援舰队正向他包围过来，因此他感觉参战的时间越长，他遭到美国强大空袭的可能性就越高。在不停地空袭

日本"长门"号战列舰

下他向北，然后向西穿过圣贝纳迪诺海峡。往返航行 300 海里的第三舰队于 26 日日出后，派舰载机对栗田舰队的掉队舰只进行了袭击。栗田舰队的"长门"号、"金刚"号和"榛名"号受重创。他带 5 艘战列舰进入战场，当他回到日本时，只有"大和"号还有作战能力。

战争结果及评价

在这次海战中，美国共有 1 艘轻型航空母舰、2 艘护卫航空母舰和 3 艘驱逐舰被沉，约 3,000 人阵亡；而日本有 1 艘重型航空母舰、3 艘轻型航空母舰、3 艘战列舰、6 艘重巡洋舰、1 艘轻巡洋舰、11 艘驱逐舰被击沉，10,000 人阵亡。美国取得了战术上的胜利。

莱特湾海战是太平洋战争中最后一次大海战，也是历史上最大的一次海战。这场海战消灭了日本的海军力量，除了陆上基地的飞机外，日本海军几乎已不存在了，美军取得了绝对的制海权。

冲绳岛战役

冲绳岛战役是 1945 年 3 月～6 月，在太平洋战争末期，美军为夺取日本的冲绳岛而进行的登陆战役。因为冲绳岛在日本本土防御中重要的战略位置，被誉为日本的"国门"，所以冲绳岛登陆战又称"破门之战"。

战争背景

冲绳岛是琉球群岛的最大岛屿，位于日本本土和中国台湾之间，南北长约 108 千米，东西最宽处约 30 千米，最窄处仅 4 千米，面积约 1220 平方千米。北部多山地，地势险峻，南部则是开阔又平坦的丘陵地带和天然洞窟。它与硫黄岛共同构成了日本本土的南大门，是日本本土可靠的南部屏障，战略位置相当重要。岛的东海岸有 2 个天然港湾——金武湾和中城湾，日军建有那霸军港，岛上还有那霸、嘉手纳、读谷和与那原 4 个机场，是日本在本土西南方向的重要海

空基地。另外冲绳岛上还有一种特别的建筑——圆形的家墓，用坚固的石料建成，在岛上随处可见，日军稍加改装，就可成为坚固的防御工事。

1945 年春，在美军占领硫黄岛后，为掌握琉球群岛附近海域的制海制空权，建立进攻日本本土的基地，决定攻占冲绳岛。1945 年 1 月 3 日，美军参谋长联席会议批准了冲绳岛作战计划，2 月 9 日又批准了具体的登陆计划。作战计划规定：首先压制九州、中国台湾地区等岛上的日本航空兵，摧毁冲绳岛的防御体系，占领冲绳岛附近的庆良间列岛。主力部队预计在渡具知地域 9 千米正面登陆，任务是夺取登陆场和 2 个日军机场。然

后，向岛的东部、北部和南部3个方向同时发起进攻。登陆日期最后确定为1945年4月1日。为了保证此项计划的胜利完成，美国投入了几乎包括太平洋战区的全部陆海军，并作了严密的军事部署。其中由米切尔中将指挥美军第5舰队的第58特混编队（16艘航母、8艘战列舰、18艘巡洋舰和56艘驱逐舰，搭载舰载机1300余架）和英国海军中将罗林斯指挥的第57特混编队（4艘航母、2艘战列舰、5艘巡洋舰和15艘驱逐舰，搭载舰载机150余架）负责海空掩护；由特纳中将指挥，登陆舰艇约500艘，护航及支援舰只包括护航航母28艘、战列舰10艘、巡洋舰14艘、驱逐舰74艘、护卫舰76艘、舰载机约800架，连同后勤保障和运输船只，负责登陆作战；由巴克纳陆军中将指挥第10集团军，下辖海军陆战队第3军和陆军第24军，负责冲绳岛地面作战，总兵力达30万人。战役总指挥是第5舰队司令斯普鲁恩斯海军上将，战役代号"冰山"，意为美军出动的兵力仅为冰山之顶，主力尚隐没在海面之下，待到日本本土作战时之用。

而日本方面也早已预料到美军下一步会进攻冲绳岛，开始重点加强冲绳岛的防守兵力和防御工事。1944年4月1日，日本大本营调来了牛岛满陆军中将指挥的第32军。到年底又从32军驻岛部队中抽走第9师团前往台湾，这样参与这次战役的就剩下了2个师团和1个混成旅团，总兵力3.1万。牛岛还有1个坦克联队，有14辆中型坦克和13辆轻型坦克。炮兵有24门320毫米的大炮，及150毫米榴弹炮等。另外，还有2个船舶工兵联队，各种勤务部队及积极要求参战的民间防卫队。为了集中兵力，临时又将1.5万多人的海军部队改组成步兵部队。这样守军人数共达10万余人。1945年3月20日，日军大本营制订了代号为"天号作战"的航空兵决战计划，集中了陆海军总计达2,990架作战飞机，其中自杀飞机1,230架，分别部署在中国台湾、琉球和九州等地区，准备在美军登陆冲绳岛时对美军舰队和运输船只实施猛烈突击，配合岛上的第32军粉碎美军的登陆。另外，日本海军还在冲绳岛及其附近岛屿部署有数百艘自杀摩托艇和人操鱼雷，将对美军实施水面和水下的特攻作战。而联合舰队的残余军舰也将在适当时机出动，做最后的决死攻击。对日本而言，如果冲绳岛失守，那么维持其生存的通往东南亚的海上交通线将被彻底切断，本土、朝鲜以及中国沿海地区的制海权、制空权也将全部丧失，后果不堪设想。因此，日军不得不与美军拼死一战。

在冲绳发现的"震洋"一型自杀摩托艇

战争经过

3月18日，按照计划，美国首先派第58特混编队到达距九州东南约90海里处，从凌晨开始出动舰载机对九州各机场进行突击。日本海军中将宇桓缠下令反击。因为机场上基本没有飞机，美军的战果很小。而在美军攻击日军机场的同时，193架日机也对美军舰队发起了攻击，"企业"号航母中弹1枚，1架日军自杀机在"勇猛"号航母舷侧被击中爆炸，碎片落到航母的机库甲板，引起大火，舰上水兵死2人，伤43人，"约克城"号航母也被击伤，舰体被炸开2个缺口，水兵死5人，伤26人，所

幸3舰伤势都还不重。日机则损失161架。3月19日，第58舰队继续向北航行，同时出动近千架舰载机对吴港、大阪和神户的飞机制造厂和九州、四国等地的机场进行轰炸，日军第5航空舰队出动飞机反击。日军"天城"号等3艘航空母舰及"大和"号战列舰受到重创。美军的"黄蜂"号和"富兰克林"航母也被日军炸弹射中。3月20日，美军第58舰队南撤。23日，到达冲绳岛以东100海里水域，开始对冲绳群岛进行预先航空火力准备，摧毁岛上部分机场和暴露的防御设施，消灭日军的近海攻击舰队。26日，第77步兵师在庆良间列岛登陆，取得舰船停泊场和后勤补给基地。

冲绳岛战役示意图："富兰克林"号被击中

4月1日6时20分，美军开始对冲绳岛实施直接舰炮和航空火力准备，冲绳岛战役开始。8时，陆战第3军（陆战第1、第6师）和陆军第24军（步兵第7、第96师）在渡具

知南北 9 千米地段突击登陆。当天即有 4 个师约 6 万人及大批坦克、火炮上陆，建立了正面 14 千米、纵深 5 千米包括 2 个机场在内的登陆场。同时，美陆战第 2 师在冲绳岛东南的港川海面实施佯动。4 月 4 日，美军占领冲绳岛中部地区，将该岛拦腰切断，并开始向北部和南部主阵地发动进攻。至此，登陆阶段的任务已告完成。4 月 6 日，日军全面展开"天号作战"，对美舰进行"菊水特攻"。17 时 30 分，日军开始了"菊水 1 号特攻"作战。美国海军的雷达哨战舰"布希"号和"科尔杭"号发起反击，结果被日本自杀飞机撞击成功，先后爆炸沉没。美国另有 3 艘驱逐舰、1 艘坦克登陆舰和 2 艘军火船被击沉，10 余艘舰船受到重创。与此同时，日军派出由"大和"号战列舰和"矢矧"号及 8 艘驱逐舰组成的"自杀舰队"对美军发起最后的进攻。4 月 7 日晨，美军侦察机发现日军特攻舰队，立即派出 280 架战机对其进行袭击。美军共进行了 8 个攻击波的空中袭击，击沉日军战舰 6 艘。"大和"号战列舰被 10 条鱼雷、5 颗炸弹击中，甲板被炸得四分五裂，炮台被击毁，不久后沉入大海。4 月 14 日～15 日，日军"菊水特攻队"又进行了第二波的攻击，击沉美军各类战舰

10 余艘，日军损失战机 298 架。4 月 16 日，日军又发动了第三次"菊水特攻"，击沉美国战舰 1 艘，击伤 1 艘，日军损失 9 架自杀飞机。4 月 6 日～6 月 22 日，日本陆、海军航空兵对美军舰船进行 10 次"菊水特攻"，共出动战机 3742 架次，损失战机 2258 架；击沉美国战舰 36 艘，击伤 368 艘，击落美国舰载机 763 架。但这并不能扭转整个战局。

在遭到日本自杀飞机攻击后，美国航空母舰燃起大火，日本"大和"号战列舰被击沉瞬间。

就在冲绳岛海域美国舰队与日军的"菊水特攻队"进行海上拼杀的同时，美国的登陆部队和日军守卫部队也不断在陆上互相攻击。至 4 月 14 日，牛岛所率日军精锐部队被美军陆战师逼入冲绳岛北部地区，损失官兵

7000 余名。16 日，美军攻下八重岳，冲绳岛北部战斗宣布结束。4 月 19 日，美国陆军第 24 军的 3 个师向首里的日军发起了地毯式炮击，遭到日军顽强抵抗，进展缓慢，直至 24 日才突破牧港防线。尔后，美军调整部署，陆战第 1 师、步兵第 77 师投入南线作战。5 月 4 日，日军发动总反击失利，遂收缩阵地。在美军两翼包围下，于 29 日放弃首里防线，向南部防线转移。6 月 4 日，美陆战第 6 师由牧港海岸向小禄半岛登陆。17 日，美陆战第 2 师第 8 团在喜屋武登陆。18 日，美指挥地面作战的司令巴克纳中将在外出视察海军陆战队阵地时，被日军炮弹击中身亡。22 日，美军突破日军南部防线。23 日凌晨，日军第 32 集团军司令牛岛满及其参谋长剖腹自杀。7 月 2 日，美军完全占领冲绳岛。

战争结果及评价

历时 3 个多月的冲绳岛战役以日军失败告终。在这次战役中，美军拥有绝对优势兵力，掌握了制海制空权，选择了有利的登陆地段，但战术呆板，畏惧夜战、近战和攻坚战，且未及时进行海上迂回；日方利用坑道和反斜面阵地抵消美军火力优势，以近战火力和小分队夜间出击，以"神风"特攻队毁伤大量美军舰艇，但陆海军及航空兵未能密切协同，且放弃了歼敌于水际滩头的机会。最终日军伤亡 9 万余人，被俘 7,400 人，损失飞机 7,830 架，被击沉舰艇 16 艘、击伤 4 艘；岛上居民伤亡约 10 万人。美军伤亡 7 万余人（含非战斗舰员 2.6 万人），损失飞机 763 架，被击沉舰艇 36 艘、击伤 368 艘。

这次战役是美日两军在太平洋战争期间规模最大、损失最重同时也是最后一次战役。美军占领冲绳岛后，夺去了通往日本本土的有利战略阵地，打开了日本本土的西南门户，取得了进攻日本本土的海空基地，为在日本本土作战创造了有利条件。

马岛海战

马岛海战，全称马尔维纳斯群岛海战，是 1982 年 4 月到 6 月间，英国和阿根廷为争夺马尔维纳斯群岛的主权而爆发的一场现代化战争，是二战结束以来规模最大的一次海战。

战争背景

马岛争端由来已久。英国和阿根廷就马岛主权归属的争论自其发现之日起便一直悬而未决。阿认为，1520 年，麦哲伦探险队的一名葡萄牙人戈梅斯最早发现了马岛，而英国则认为是由英国航海家戴维斯于 1592 年 8 月 14 日驾驶"希望"号船首先发现的。1690 年英国人约翰·斯特朗来到该岛时，发现了东西两个大岛之间的海峡，将其取名为"福克兰海峡"。此后，英国称该岛为"福克兰群岛"。1764 年，法国人在东岛上建立了居民点，将其命名为"马洛于内群岛"。

1770 年，西班牙占领了该岛，将其称为"马尔维纳斯群岛"。1816 年，阿根廷摆脱西班牙的统治宣告独立，并宣布继承对马岛的主权，将马岛定为阿的第 24 个省。4 年后，阿海军又将国旗插上了索莱达岛要塞顶峰，宣布对该岛拥有全部主权。

但是英国则以该岛为英国人最早发现为由，于 1832 年和 1833 年先后出兵占领西岛和东岛。为显示主权，英国人在岛上设置了总督府及其他行政机构，向该岛移民，并挤走了岛上土著居民。此后，马岛便沦为英国殖民地，但阿从未放弃对马岛的主权要求。

1958 年，英阿两国关于马岛的

争端被诉诸于联合国，联合国先后 4 次通过决议，要求英阿两国以谈判的方式解决争端。由于双方均不愿从本国的立场上后退，这种谈判只能是谈谈停停，吵吵争争，成为马拉松式的谈判，英国也因此控制着该岛 100 多年。1982 年 2 月 26 日，英阿关于马岛的谈判又重新开始。但是这一次的谈判仅仅是阿根廷为掩饰自己正在准备的"罗萨里奥"的行动计划而故意放出的烟雾。最终谈判破裂，英阿关系进一步紧张，阿根廷决定采取军事行动来夺回对马岛的主权。于是爆发了震惊世界的英阿马岛之战。

1982 年 4 月 3 日，阿根廷陆军登上马岛

战争经过

1982 年 3 月 18 日，一些阿根廷人到南乔治亚岛的利恩港，准备拆除一家鲸鱼加工厂的陈旧机器，遭到英驻军的刁难，绝大部分人被阻止上岸，部分阿人则冲破阻拦，登岛并在岛上竖起阿国旗。英国得知后，向阿提出了强烈抗议，并派出 40 名海军陆战队员前去"恢复秩序"。阿也不肯让步，决定一次性彻底解决马岛主权之争。于是阿海军迅速派出 2 艘导弹护卫舰赶赴南乔治亚岛，将该岛的 22 名英军和 13 名英考察队员抓了起来，并再次升起阿军旗。英闻讯后，急调 2 艘军舰和 1 艘潜艇前往马岛。正当双方剑拔弩张的时候，却传来阿海军舰艇北驶乌拉圭海域要与乌海军举行联合演习的消息。但到 3 月 31 日晚，阿海军却突然退出演习，掉头南下，全速驶往马岛，具体实施"罗萨里奥"计划。原来这是阿海军临战前的一次佯动。直到此时，英国人才惊呼"上当"！时任英首相撒切尔夫人火速通知国防、外交官员到首相官邸商讨对策，同时派遣在直布罗陀海峡值勤的一个舰队赴马岛增援。此外，撒切尔夫人还给时任美国总统里根写信，要求美制止阿占领马岛。但是此时，阿军方已箭在弦上，不能不发。

4 月 2 日拂晓，阿军 5,000 余人突然在马岛登陆。驻岛英军只抵抗几小时便宣布无条件投降。马岛总督带着英国文武官员登上阿军早已为他们准备好的军用飞机，先到乌拉圭，再改乘飞机回国。第二天，阿军又在南乔治亚岛登陆，岛上英军又宣布投降。阿政府向全国发表公报，宣布已收复马岛。阿举国群情激奋，沉浸在胜利的喜悦中。

而英方则处于一片哗然之中。4月3日，英下院举行会议，讨论面临的严重局面，许多议员指责政府"出卖"马岛。于是英国成立"战时内阁"并决定抽调海军总兵力的三分之二，组成一支特混舰队赴马岛。至此，双方摆出一副进行海上决战的架势。

鹞式飞机从英军航母上起飞

其中阿根廷一方拥有各型舰船34艘，主要作战舰艇18艘；空军作战飞机223架，能用于作战的154架；海军作战飞机49架；阿军守岛部队有1个海军陆战旅，3个步兵旅，共约15,000人。英国方面则共有舰船111艘（包括航空母舰"无敌"号和"竞技神"号及2艘核动力潜艇），其中作战舰艇44艘，辅助船只22艘，商船45艘，两栖运输船20艘，舰载鹞式飞机28架，空军鹞式飞机14架，海军陆战队及步兵旅等9000人，另外还有一些特种部队。从兵力上来看，落后的阿根廷旧式军舰很难与英舰相比，更何况时任阿根廷总统加尔铁里还一直认为英军并不会真的为马岛付出如此的代价，并没有做好战争准备。如此看来，战争的结局早已经注定。

4月7日，正当英阿双方即将开战之时，美国人前来调停，但英阿双方都不愿从原来的立场上后退。美国人偏向英国，阿自然心知肚明，对黑格提出的包括考虑马岛居民的愿望在内的所谓"七点新建议"，自然不能接受。因为马岛居民是英国人后裔，考虑居民的愿望，显然只能是对英国有利。阿不能不拒绝这种"新建议"，美国调解未果。4月29日，美以阿拒绝美建议为由，宣布放弃"中立"，转而支持英国，不仅对阿进行制裁，还让英军使用美阿森松岛上的空军基地和其他军事装备，向英国人提供情报，并让通信卫星成为英国通信中继站。至此，战争已不可避免。

4月26日，英国特混舰队首先攻下了南乔治亚岛，30日完成了对

马岛海战中英国的鹞式飞机

马岛周围 200 海里范围的海上和空中的封锁部署。随即，英国国防部宣布从格林尼治时间 4 月 30 日 11 时起，所有进入马岛周围 200 海里禁区的飞机和舰只都将遭到攻击。阿军也进入最高戒备状态。5 月 1 日，英国特混舰队在茫茫浓雾中到达马岛以东海域。一架名叫"火神"的战略轰炸机，经过空中加油，长途跋涉 5,000 千米，于凌晨 4 时 30 分飞临马岛，并投下 21 枚重达 1,000 磅的炸弹。同时从英航母上起飞的飞机也对阿阵地进行猛烈攻击。5 月 2 日下午，英国的"征服者"号核潜艇在马岛 200 海里禁区外 36 海里处，向阿海军旗舰"贝尔格诺将军"号巡洋舰发射了 3 枚鱼雷，其中 2 枚命中目标。巡洋舰在 45 分钟后沉没，阿军官兵阵亡和失踪 321 人。次日，英国又在马岛北侧用"海鸥"式导弹击沉了阿军的"索布拉尔"号巡逻艇。面对接连的胜利，英国官兵开始沾沾自喜，殊不知，一场噩梦正悄悄地向他们袭来。

面对英军咄咄逼人的攻势，阿军发誓要报仇雪恨。加尔铁里把目光投向了从法国购得的 5 枚"飞鱼"导弹。5 月 4 日上午 11 时左右，英国"谢菲尔德"号巡洋舰悠闲地游弋在马岛附近海域，这艘当时号称英国皇家海军"最现代化的大型军舰"服役刚刚 7 年，具有非常先进的雷达系统，阿根廷的飞机只要从其大陆起飞就逃不过它的眼睛。因此，舰上的英国官兵悠然自得，有的在洗衣服，有的聊天。此时，阿根廷"五月二十五日"号航母搭载的"超级军旗"战斗机利用地球曲线超低空飞行，在 300 千米以外，已经锁定"谢菲尔德"号巡洋舰的阿军"超级军旗"战斗轰炸机携带 2 枚"飞鱼"导弹悄悄起飞了。飞机在接近"谢菲尔德"号雷达警戒区时陡然下降到四五十米的高度，然后关闭机载雷达继续飞行。12 时 20 分左右，"超级军旗"顺利进入到导弹的有效发射区，在距离"谢菲尔德"号 32 千米处，2 枚"飞鱼"

"飞鱼"导弹

导弹带着阿根廷人复仇的怒火发射了出去。其中1枚"飞鱼"成功避过英军的防空系统后准确命中目标。爆炸引起大火，英舰官兵拼命抢救5个小时后，不得不弃舰逃生。就这样，造价高达1.5亿美元的"谢菲尔德"号被造价才不过30万美元的"飞鱼"导弹击沉，这给了骄傲自大的英军以沉重打击。5月12日，阿空军12架"天鹰"战斗机分3批重创英护卫舰"大刀"号和"华美"号。

"超级军旗"战斗轰炸机

5月21日晨，英军开始登陆马岛，并建立登陆场。阿空军和海军航空兵呼啸而来，对英舰进行攻击，击落英机5架，击中英舰8艘，其中1艘护卫舰被击沉。

5月25日是阿根廷的国庆节，阿军向英军发起了大规模空袭行动。这天，2架携带"飞鱼"导弹的"超级军旗"战机从阿根廷大陆起飞，向游弋在马岛东北海面100多海里的英国航空母舰飞去，他们的目标就是要炸毁英军的航母。接近预定目标区域后，阿军飞行员发现飞机雷达的荧屏上出现了一个大的脉冲亮点，他判定这就是英军的航空母舰。于是，阿军飞行员毫不犹豫地按下了导弹发射按钮。2枚"飞鱼"导弹同时向敌舰飞去，其中1枚准确地击中了目标。在一阵巨大的爆炸声后，英舰出现了浓烈的火焰，不长时间之后，就慢慢地沉入了海底。事后阿军才知道，他们炸沉的这艘英舰并不是英国的航空母舰，而是一艘名为"大西洋运送者"号的运输舰，其体积同航空母舰大小相仿。尽管如此，英军也遭受了重创，仅有的4架"支奴干"大载重量直升机中的3架、1个中队的"威赛克斯"支援直升机、大量的补给物资和设备也被炸沉，英6架鹞式战斗机也葬身海底。此后阿机又击沉英驱逐舰"考文垂"号。

5月25日，英国"考文垂"号驱逐舰被"飞鱼"导弹击沉

受到接连打击之后，英国人逐渐意识到了"飞鱼"导弹的厉害。伍德沃德下令将所有舰船撤到离马岛和阿根廷海岸较远的地方，以避免遭受新的攻击。马岛战争开始的时候，阿根廷除了已经拥有的 5 枚"飞鱼"导弹外，还向法国订购了另外 9 枚。但是，随着战争的进程，时任法国总统密特朗应英国政府的要求，下令不再向阿根廷出售"飞鱼"导弹。此举使阿根廷政府感到十分紧张，被迫寻求从其他国家间接获得"飞鱼"导弹。通过情报部门，阿根廷获悉秘鲁向法国订购的 8 枚"飞鱼"导弹即将到货。于是，阿根廷政府开始通过各种途径希望从秘鲁高价购得这些导弹。法国政府闻讯后，故意寻找各种借口拖延交货时间，直到战争结束才把导弹送交秘鲁政府手中，使得阿根廷从第三国购买"飞鱼"导弹的计划流产。没有"飞鱼"导弹，阿根廷就没有了同英国对抗的资本，形势发生逆转。

为彻底击垮阿军，英军从 5 月 27 日起开始实施登岛作战。5 月 29 日，英军攻占了非常重要的达尔文港，毙伤阿军 250 人，俘获 1,400 人，并缴获大批弹药和其他军需物资。此后的几天中，阿军节节败退。6 月 8 日，为了挽救守岛的部队，加尔铁里孤注一掷，下令集中尚存的空

中力量对英军展开大规模空袭，结果打死英军 180 多人，阿机再现神勇击沉了包括英国的"加拉哈德爵士"号登陆舰在内的 3 艘大型登陆舰，并重创"普利茅斯"护卫舰。

但是英军并未放弃，仍然决心夺取马岛。6 月 8 日晚，3,000 名英军乘坐"伊丽莎白二世女王"号客轮登上马岛，使岛上的英军增加到了 8,000 人，而且拥有重炮 30 门，坦克 20 辆。6 月 11 日，英军开始发起总攻，并于 12 日拂晓前攻占了距马岛首府阿根廷港 15 千米的哈里特山和朗顿山。13 日晚，英军再次发起进攻。英军从东西岛间的结合部突破，避开正面，尔后再向东推进，分进合击，夺占全岛。激烈的战斗一直持续到 6 月 14 日。阿陆军孤军奋战，损失惨重。阿统帅部见大势已去，电告马岛守军"在不损害武装部队荣誉和国内政策的情况下"可以自由行动。至 14 日中午，英军已经推进到距市区约 4 千米的地方。阿根廷港上空挂起了白旗。午后，英阿双方战地司令官会晤，达成非正式停火协议。至此，历时 74 天的马岛战争终于结束。

战争结果及评价

这次海战中，英军共损失舰船 6

艘、飞机 34 架，伤亡 1,000 人，被俘 200 人；阿军损失舰船 11 艘、飞机 105 架，伤亡 2,300 人，被俘 1.13 万人，最后英国还完成了马岛登陆，阿根廷被迫投降，英军取得了战术上的胜利。但是战争的失败并没有使阿根廷人放弃争夺马岛主权的斗争，他们在战后把每年的 6 月 10 日定为"马岛主权日"，英阿之间的矛盾愈演

愈烈。

马岛海战是第二次世界大战结束以来在南大西洋首次爆发的一场规模较大的战争。战争中，英阿双方都投入了相当数量的陆、海、空军部队和先进的武器装备，如导弹、核潜艇等，使这场海战明显区别于传统海战，揭开了高科技战争时代的序幕。